T&P BOOKS

I0197077

PORTUGEES

WOORDENSCHAT

THEMATISCHE WOORDENLIJST

NEDERLANDS PORTUGEES

De meest bruikbare woorden
Om uw woordenschat uit te breiden en
uw taalvaardigheid aan te scherpen

5000 woorden

Thematische woordenschat Nederlands-Portugees - 5000 woorden

Door Andrey Taranov

Woordenlijsten van T&P Books zijn bedoeld om u woorden van een vreemde taal te helpen leren, onthouden, en bestudering. Dit woordenboek is ingedeeld in thema's en behandelt alle belangrijk terreinen van het dagelijkse leven, bedrijven, wetenschap, cultuur, etc.

Het proces van het leren van woorden met behulp van de op thema's gebaseerde aanpak van T&P Books biedt u de volgende voordelen:

* Correct gegroepeerde informatie is bepalend voor succes bij opeenvolgende stadia van het leren van woorden
* De beschikbaarheid van woorden die van dezelfde stam zijn maakt het mogelijk om woordgroepen te onthouden (in plaats van losse woorden)
* Kleine groepen van woorden faciliteren het proces van het aanmaken van associatieve verbindingen, die nodig zijn bij het consolideren van de woordenschat
* Het niveau van talenkennis kan worden ingeschat door het aantal geleerde woorden

T&P Books Publishing
www.tpbooks.com

ISBN: 978-1-78492-353-2

Dit boek is ook beschikbaar in e-boek formaat.
Gelieve www.tpbooks.com te bezoeken of de belangrijkste online boekwinkels.

PORTUGESE WOORDENSCHAT
nieuwe woorden leren

T&P Books woordenlijsten zijn bedoeld om u te helpen vreemde woorden te leren, te onthouden, en te bestuderen. De woordenschat bevat meer dan 5000 veel gebruikte woorden die thematisch geordend zijn.

- De woordenlijst bevat de meest gebruikte woorden
- Aanbevolen als aanvulling bij welke taalcursus dan ook
- Voldoet aan de behoeften van de beginnende en gevorderde student in vreemde talen
- Geschikt voor dagelijks gebruik, bestudering en zelftestactiviteiten
- Maakt het mogelijk om uw woordenschat te evalueren

Bijzondere kenmerken van de woordenschat

- De woorden zijn gerangschikt naar hun betekenis, niet volgens alfabet
- De woorden worden weergegeven in drie kolommen om bestudering en zelftesten te vergemakkelijken
- Woorden in groepen worden verdeeld in kleine blokken om het leerproces te vergemakkelijken
- De woordenschat biedt een handige en eenvoudige beschrijving van elk buitenlands woord

De woordenschat bevat 155 onderwerpen zoals:

Basisconcepten, getallen, kleuren, maanden, seizoenen, meeteenheden, kleding en accessoires, eten & voeding, restaurant, familieleden, verwanten, karakter, gevoelens, emoties, ziekten, stad, dorp, bezienswaardigheden, winkelen, geld, huis, thuis, kantoor, werken op kantoor, import & export, marketing, werk zoeken, sport, onderwijs, computer, internet, gereedschap, natuur, landen, nationaliteiten en meer ...

INHOUDSOPGAVE

UITSPRAAKGIDS

T&P fonetisch alfabet	Portugees voorbeeld	Nederlands voorbeeld

Klinkers

[a]	baixo ['baɪʃu]	acht
[ɐ]	junta ['ʒũtɐ]	hart
[e]	erro ['eʀu]	delen, spreken
[ɛ]	leve ['lɛvə]	elf, zwembad
[ə]	cliente [kli'ẽtə]	formule, wachten
[i]	lancil [lɐ̃'sil]	bidden, tint
[ɪ]	baixo ['baɪʃu]	iemand, die
[o], [ɔ]	boca, orar ['bokɐ], [ɔ'rar]	overeenkomst, bot
[u]	urgente [ur'ʒẽtə]	hoed, doe
[ã]	toranja [tu'rãʒɐ]	nasale [a]
[ẽ]	gente ['ʒẽtə]	zwemmen, existeren
[ĩ]	seringa [sɐ'rĩgɐ]	nasale [i]
[õ]	ponto ['põtu]	nasale [o]
[ũ]	umbigo [ũ'bigu]	nasale [u]

Medeklinkers

[b]	banco ['bãku]	hebben
[d]	duche ['duʃə]	Dank u, honderd
[f]	facto ['faktu]	feestdag, informeren
[g]	gorila [gu'rilɐ]	goal, tango
[ʔ]	margem ['marʒẽ']	New York, januari
[j]	feira ['fejrɐ]	New York, januari
[k]	claro ['klaru]	kennen, kleur
[l]	Londres ['lõdrɐʃ]	delen, luchter
[ʎ]	molho ['moʎu]	biljet, morille
[m]	montanha [mõ'tɐɲɐ]	morgen, etmaal
[n]	novela [nu'vɛlɐ]	nemen, zonder
[ɲ]	senhora [sɐ'ɲorɐ]	cognac, nieuw
[ŋ]	marketing ['markɐtiŋ]	optelling
[p]	prata ['pratɐ]	parallel, koper
[ʀ]	regador [ʀɐgɐ'dor]	gutturale R
[ɾ]	aberto [ɐ'bɛrtu]	korte aangetipte tongpunt- r
[s]	safira [sɐ'firɐ]	spreken, kosten
[ʃ]	texto ['tɛʃtu]	shampoo, machine
[t]	teto ['tɛtu]	tomaat, taart

T&P fonetisch alfabet	Portugees voorbeeld	Nederlands voorbeeld
[ʧ]	cappuccino [kapu'ʧinu]	Tsjechië, cello
[v]	alvo ['alvu]	beloven, schrijven
[z]	vizinha [vi'ziɲɐ]	zeven, zesde
[ʒ]	juntos ['ʒũtuʃ]	journalist, rouge
[w]	sequoia [sə'kwɔjɐ]	twee, willen

AFKORTINGEN
gebruikt in de woordenschat

Nederlandse afkortingen

abn	-	als bijvoeglijk naamwoord
bijv.	-	bijvoorbeeld
bn	-	bijvoeglijk naamwoord
bw	-	bijwoord
enk.	-	enkelvoud
enz.	-	enzovoort
form.	-	formele taal
inform.	-	informele taal
mann.	-	mannelijk
mil.	-	militair
mv.	-	meervoud
on.ww.	-	onovergankelijk werkwoord
ontelb.	-	ontelbaar
ov.	-	over
ov.ww.	-	overgankelijk werkwoord
telb.	-	telbaar
vn	-	voornaamwoord
vrouw.	-	vrouwelijk
vw	-	voegwoord
vz	-	voorzetsel
wisk.	-	wiskunde
ww	-	werkwoord

Nederlandse artikelen

de	-	gemeenschappelijk geslacht
de/het	-	gemeenschappelijk geslacht, onzijdig
het	-	onzijdig

Portugese afkortingen

f	-	vrouwelijk zelfstandig naamwoord
f pl	-	vrouwelijk meervoud
m	-	mannelijk zelfstandig naamwoord
m pl	-	mannelijk meervoud
m, f	-	mannelijk, vrouwelijk

pl	-	meervoud
v aux	-	hulp werkwoord
vi	-	onovergankelijk werkwoord
vi, vt	-	onovergankelijk, overgankelijk werkwoord
vr	-	reflexief werkwoord
vt	-	overgankelijk werkwoord

BASISBEGRIPPEN

Basisbegrippen Deel 1

1. Voornaamwoorden

ik	eu	['eu]
jij, je	tu	[tu]
hij	ele	['ɛlə]
zij, ze	ela	['ɛlɐ]
wij, we	nós	[nɔʃ]
jullie	vocês	[vɔ'seʃ]
zij, ze (mann.)	eles	['ɛləʃ]
zij, ze (vrouw.)	elas	['ɛlɐʃ]

2. Begroetingen. Begroetingen. Afscheid

Hallo! Dag!	Olá!	[ɔ'la]
Hallo!	Bom dia!	[bõ 'diɐ]
Goedemorgen!	Bom dia!	[bõ 'diɐ]
Goedemiddag!	Boa tarde!	['boɐ 'tardə]
Goedenavond!	Boa noite!	['boɐ 'nojtə]
gedag zeggen (groeten)	cumprimentar (vt)	[kũprimẽ'tar]
Hoi!	Olá!	[ɔ'la]
groeten (het)	saudação (f)	[sɐudɐ'sãu]
verwelkomen (ww)	saudar (vt)	[sɐu'dar]
Hoe gaat het met u?	Como vai?	['komu 'vaj]
Hoe is het?	Como vais?	['komu 'vaiʃ]
Is er nog nieuws?	O que há de novo?	[ukə a də 'novu]
Dag! Tot ziens!	Até à vista!	[ɐ'tɛ a 'viʃtɐ]
Tot snel! Tot ziens!	Até breve!	[ɐ'tɛ 'brɛvə]
Vaarwel!	Adeus!	[ɐ'deuʃ]
afscheid nemen (ww)	despedir-se (vr)	[dəʃpə'dirsə]
Tot kijk!	Até logo!	[ɐ'tɛ 'lɔgu]
Dank u!	Obrigado! -a!	[ɔbri'gadu, -ɐ]
Dank u wel!	Muito obrigado! -a!	['mujtu ɔbri'gadu, -ɐ]
Graag gedaan	De nada	[də 'nadɐ]
Geen dank!	Não tem de quê	['nãu tẽʲ də 'ke]
Geen moeite.	De nada	[də 'nadɐ]
Excuseer me, … (inform.)	Desculpa!	[də'ʃkulpɐ]
Excuseer me, … (form.)	Desculpe!	[də'ʃkulpə]

excuseren (verontschuldigen)	desculpar (vt)	[dəʃkul'par]
zich verontschuldigen	desculpar-se (vr)	[dəʃkul'parsə]
Mijn excuses.	As minhas desculpas	[ɐʃ 'miɲeʃ də'ʃkulpeʃ]
Het spijt me!	Desculpe!	[də'ʃkulpə]
vergeven (ww)	perdoar (vt)	[pərdu'ar]
Maakt niet uit!	Não faz mal	['nãu faʃ 'mal]
alsjeblieft	por favor	[pur fɐ'vor]

Vergeet het niet!	Não se esqueça!	['nãu sə ə'ʃkesɐ]
Natuurlijk!	Certamente!	[sɛrte'mẽtə]
Natuurlijk niet!	Claro que não!	['klaru kə 'nãu]
Akkoord!	Está bem! De acordo!	[ə'ʃta bẽⁱ], [də e'kordu]
Zo is het genoeg!	Basta!	['baʃtɐ]

3. Hoe aan te spreken

Excuseer me, ...	Desculpe ...	[də'ʃkulpə]
meneer	senhor	[sə'ɲor]
mevrouw	senhora	[sə'ɲorɐ]
juffrouw	rapariga	[ʀepɐ'rigɐ]
jongeman	rapaz	[ʀɐ'paʒ]
jongen	menino	[mə'ninu]
meisje	menina	[mə'ninɐ]

4. Kardinale getallen. Deel 1

nul	zero	['zɛru]
een	um	[ũ]
twee	dois	['doɪʃ]
drie	três	[treʃ]
vier	quatro	[ku'atru]

vijf	cinco	['sĩku]
zes	seis	['seɪʃ]
zeven	sete	['sɛtə]
acht	oito	['ojtu]
negen	nove	['nɔvə]

tien	dez	[dɛʒ]
elf	onze	['õzə]
twaalf	doze	['dozə]
dertien	treze	['trezə]
veertien	catorze	[kɐ'torzə]

vijftien	quinze	['kĩzə]
zestien	dezasseis	[dəzɐ'seɪʃ]
zeventien	dezassete	[dəzɐ'sɛtə]
achttien	dezoito	[də'zojtu]
negentien	dezanove	[dəzɐ'nɔvə]

twintig	vinte	['vĩtə]
eenentwintig	vinte e um	['vĩtə i 'ũ]

tweeëntwintig	vinte e dois	['vĩtə i 'doɪʃ]
drieëntwintig	vinte e três	['vĩtə i 'treʃ]
dertig	trinta	['trĩtə]
eenendertig	trinta e um	['trĩtə i 'ũ]
tweeëndertig	trinta e dois	['trĩtə i 'doɪʃ]
drieëndertig	trinta e três	['trĩtə i 'treʃ]
veertig	quarenta	[kuɐ'rẽtə]
eenenveertig	quarenta e um	[kuɐ'rẽtə i 'ũ]
tweeënveertig	quarenta e dois	[kuɐ'rẽtə i 'doɪʃ]
drieënveertig	quarenta e três	[kuɐ'rẽtə i 'treʃ]
vijftig	cinquenta	[sĩku'ẽtə]
eenenvijftig	cinquenta e um	[sĩku'ẽtə i 'ũ]
tweeënvijftig	cinquenta e dois	[sĩku'ẽtə i 'doɪʃ]
drieënvijftig	cinquenta e três	[sĩku'ẽtə i 'treʃ]
zestig	sessenta	[sə'sẽtə]
eenenzestig	sessenta e um	[sə'sẽtə i 'ũ]
tweeënzestig	sessenta e dois	[sə'sẽtə i 'doɪʃ]
drieënzestig	sessenta e três	[sə'sẽtə i 'treʃ]
zeventig	setenta	[sə'tẽtə]
eenenzeventig	setenta e um	[sə'tẽtə i 'ũ]
tweeënzeventig	setenta e dois	[sə'tẽtə i 'doɪʃ]
drieënzeventig	setenta e três	[sə'tẽtə i 'treʃ]
tachtig	oitenta	[oj'tẽtə]
eenentachtig	oitenta e um	[oj'tẽtə i 'ũ]
tweeëntachtig	oitenta e dois	[oj'tẽtə i 'doɪʃ]
drieëntachtig	oitenta e três	[oj'tẽtə i 'treʃ]
negentig	noventa	[nu'vẽtə]
eenennegentig	noventa e um	[nu'vẽtə i 'ũ]
tweeënnegentig	noventa e dois	[nu'vẽtə i 'doɪʃ]
drieënnegentig	noventa e três	[nu'vẽtə i 'treʃ]

5. Kardinale getallen. Deel 2

honderd	cem	[sẽⁱ]
tweehonderd	duzentos	[du'zẽtuʃ]
driehonderd	trezentos	[trə'zẽtuʃ]
vierhonderd	quatrocentos	[kuatru'sẽtuʃ]
vijfhonderd	quinhentos	[ki'ɲẽtuʃ]
zeshonderd	seiscentos	[seɪʃ'sẽtuʃ]
zevenhonderd	setecentos	[sɛtə'sẽtuʃ]
achthonderd	oitocentos	[ojtu'sẽtuʃ]
negenhonderd	novecentos	[nɔvə'sẽtuʃ]
duizend	mil	[mil]
tweeduizend	dois mil	['doɪʃ mil]
drieduizend	três mil	['treʃ mil]

tienduizend	dez mil	['dɛӡ mil]
honderdduizend	cem mil	[sẽ^j mil]
miljoen (het)	um milhão	[ũ mi'ʎãu]
miljard (het)	mil milhões	[mil mi'ʎoɪʃ]

6. Ordinale getallen

eerste (bn)	primeiro	[pri'mejru]
tweede (bn)	segundo	[se'gũdu]
derde (bn)	terceiro	[tər'sejru]
vierde (bn)	quarto	[ku'artu]
vijfde (bn)	quinto	['kĩtu]

zesde (bn)	sexto	['seʃtu]
zevende (bn)	sétimo	['sɛtimu]
achtste (bn)	oitavo	[oj'tavu]
negende (bn)	nono	['nonu]
tiende (bn)	décimo	['dɛsimu]

7. Getallen. Breuken

breukgetal (het)	fração (f)	[fra'sãu]
half	um meio	[ũ 'meju]
een derde	um terço	[ũ 'tersu]
kwart	um quarto	[ũ ku'artu]

een achtste	um oitavo	[ũ oj'tavu]
een tiende	um décimo	[ũ 'dɛsimu]
twee derde	dois terços	['doɪʃ 'tersuʃ]
driekwart	três quartos	[treʃ ku'artuʃ]

8. Getallen. Eenvoudige berekeningen

aftrekking (de)	subtração (f)	[subtra'sãu]
aftrekken (ww)	subtrair (vi, vt)	[subtrɐ'ir]
deling (de)	divisão (f)	[divi'zãu]
delen (ww)	dividir (vt)	[divi'dir]
optelling (de)	adição (f)	[ɐdi'sãu]
erbij optellen	somar (vt)	[su'mar]
(bij elkaar voegen)		

optellen (ww)	adicionar (vt)	[ɐdisju'nar]
vermenigvuldiging (de)	multiplicação (f)	[multiplikɐ'sãu]
vermenigvuldigen (ww)	multiplicar (vt)	[multipli'kar]

9. Getallen. Diversen

| cijfer (het) | algarismo, dígito (m) | [algɐ'riӡmu], ['diӡitu] |
| nummer (het) | número (m) | ['numɐru] |

telwoord (het)	numeral (m)	[numə'ral]
minteken (het)	menos (m)	['menuʃ]
plusteken (het)	mais (m)	['maɪʃ]
formule (de)	fórmula (f)	['fɔrmulə]

berekening (de)	cálculo (m)	['kalkulu]
tellen (ww)	contar (vt)	[kõ'tar]
bijrekenen (ww)	calcular (vt)	[kalku'lar]
vergelijken (ww)	comparar (vt)	[kõpe'rar]

| Hoeveel? (ontelb.) | Quanto? | [ku'ãtu] |
| Hoeveel? (telb.) | Quantos? -as? | [ku'ãtuʃ, -eʃ] |

som (de), totaal (het)	soma (f)	['somə]
uitkomst (de)	resultado (m)	[ʀəzul'tadu]
rest (de)	resto (m)	['ʀɛʃtu]

enkele (bijv. ~ minuten)	alguns, algumas ...	[al'gũʃ], [al'gumeʃ]
weinig (telb.)	poucos, poucas	['pokuʃ], ['pokeʃ]
een beetje (ontelb.)	um pouco ...	[ũ 'poku]
restant (het)	resto (m)	['ʀɛʃtu]
anderhalf	um e meio	[ũ i 'meju]
dozijn (het)	dúzia (f)	['duziə]

middendoor (bw)	ao meio	[au 'meju]
even (bw)	em partes iguais	[ẽ 'parteʃ igu'aɪʃ]
helft (de)	metade (f)	[mə'tadə]
keer (de)	vez (f)	[veʒ]

10. De belangrijkste werkwoorden. Deel 1

aanbevelen (ww)	recomendar (vt)	[ʀəkumẽ'dar]
aandringen (ww)	insistir (vi)	[ĩsi'ʃtir]
aankomen (per auto, enz.)	chegar (vi)	[ʃə'gar]
aanraken (ww)	tocar (vt)	[tu'kar]
adviseren (ww)	aconselhar (vt)	[ekõsə'ʎar]

afdalen (on.ww.)	descer (vi)	[də'ʃser]
afslaan (naar rechts ~)	virar (vi)	[vi'rar]
antwoorden (ww)	responder (vt)	[ʀəʃpõ'der]
bang zijn (ww)	ter medo	[ter 'medu]
bedreigen (bijv. met een pistool)	ameaçar (vt)	[emie'sar]

bedriegen (ww)	enganar (vt)	[ẽge'nar]
beëindigen (ww)	acabar, terminar (vt)	[eke'bar], [tərmi'nar]
beginnen (ww)	começar (vt)	[kume'sar]
begrijpen (ww)	compreender (vt)	[kõprië'der]
beheren (managen)	dirigir (vt)	[diri'ʒir]

beledigen (met scheldwoorden)	insultar (vt)	[ĩsul'tar]
beloven (ww)	prometer (vt)	[prumə'ter]
bereiden (koken)	preparar (vt)	[prəpe'rar]

bespreken (spreken over)	discutir (vt)	[diʃku'tir]
bestellen (eten ~)	pedir (vt)	[pə'dir]
bestraffen (een stout kind ~)	punir (vt)	[pu'nir]
betalen (ww)	pagar (vt)	[pɐ'gar]
betekenen (beduiden)	significar (vt)	[signifi'kar]
betreuren (ww)	arrepender-se (vr)	[ɐʁipẽ'dersə]

bevallen (prettig vinden)	gostar (vt)	[gu'ʃtar]
bevelen (mil.)	ordenar (vt)	[ɔrdə'nar]
bevrijden (stad, enz.)	libertar (vt)	[libər'tar]
bewaren (ww)	guardar (vt)	[guɐr'dar]
bezitten (ww)	possuir (vt)	[pusu'ir]

bidden (praten met God)	rezar, orar (vi)	[ʁɐ'zar], [ɔ'rar]
binnengaan (een kamer ~)	entrar (vi)	[ẽ'trar]
breken (ww)	quebrar (vt)	[kə'brar]
controleren (ww)	controlar (vt)	[kõtru'lar]
creëren (ww)	criar (vt)	[kri'ar]

deelnemen (ww)	participar (vi)	[pɐrtisi'par]
denken (ww)	pensar (vt)	[pẽ'sar]
doden (ww)	matar (vt)	[mɐ'tar]
doen (ww)	fazer (vt)	[fɐ'zer]
dorst hebben (ww)	ter sede	[ter 'sedə]

11. De belangrijkste werkwoorden. Deel 2

een hint geven	dar uma dica	[dar 'umɐ 'dikɐ]
eisen (met klem vragen)	exigir (vt)	[ezi'ʒir]
excuseren (vergeven)	desculpar (vt)	[dəʃkul'par]
existeren (bestaan)	existir (vi)	[ezi'ʃtir]
gaan (te voet)	ir (vi)	[ir]

gaan zitten (ww)	sentar-se (vr)	[sẽ'tarsə]
gaan zwemmen	ir nadar	[ir nɐ'dar]
geven (ww)	dar (vt)	[dar]
glimlachen (ww)	sorrir (vi)	[su'ʁir]
goed raden (ww)	adivinhar (vt)	[ɐdivi'ɲar]

grappen maken (ww)	brincar (vi)	[brĩ'kar]
graven (ww)	cavar (vt)	[kɐ'var]

hebben (ww)	ter (vt)	[ter]
helpen (ww)	ajudar (vt)	[ɐʒu'dar]
herhalen (opnieuw zeggen)	repetir (vt)	[ʁɐpə'tir]
honger hebben (ww)	ter fome	[ter 'fomə]

hopen (ww)	esperar (vt)	[əʃpə'rar]
horen	ouvir (vt)	[o'vir]
(waarnemen met het oor)		
huilen (wenen)	chorar (vi)	[ʃu'rar]
huren (huis, kamer)	alugar (vt)	[ɐlu'gar]
informeren (informatie geven)	informar (vt)	[ĩfur'mar]
instemmen (akkoord gaan)	concordar (vi)	[kõkur'dar]

jagen (ww)	caçar (vi)	[kɐ'sar]
kennen (kennis hebben van iemand)	conhecer (vt)	[kuɲə'ser]
kiezen (ww)	escolher (vt)	[əʃku'ʎer]
klagen (ww)	queixar-se (vr)	[keɪ'ʃarsə]

kosten (ww)	custar (vt)	[ku'ʃtar]
kunnen (ww)	poder (vi)	[pu'der]
lachen (ww)	rir (vi)	[ʀir]
laten vallen (ww)	deixar cair (vt)	[deɪ'ʃar kɐ'ir]
lezen (ww)	ler (vt)	[ler]

liefhebben (ww)	amar (vt)	[ɐ'mar]
lunchen (ww)	almoçar (vi)	[almu'sar]
nemen (ww)	pegar (vt)	[pə'gar]
nodig zijn (ww)	ser necessário	[ser nəsə'sariu]

12. De belangrijkste werkwoorden. Deel 3

onderschatten (ww)	subestimar (vt)	[subəʃti'mar]
ondertekenen (ww)	assinar (vt)	[ɐsi'nar]
ontbijten (ww)	tomar o pequeno-almoço	[tu'mar u pə'kenu al'mosu]
openen (ww)	abrir (vt)	[ɐ'brir]
ophouden (ww)	cessar (vt)	[sə'sar]
opmerken (zien)	perceber (vt)	[pərsə'ber]

opscheppen (ww)	jactar-se, gabar-se (vr)	[ʒɐ'ktarsə], [gɐ'barsə]
opschrijven (ww)	anotar (vt)	[ɐnu'tar]
plannen (ww)	planear (vt)	[plɐ'njar]
prefereren (verkiezen)	preferir (vt)	[prəfə'rir]
proberen (trachten)	tentar (vt)	[tẽ'tar]
redden (ww)	salvar (vt)	[saɫ'var]

rekenen op …	contar com …	[kõ'tar kõ]
rennen (ww)	correr (vi)	[ku'ʀer]
reserveren (een hotelkamer ~)	reservar (vt)	[ʀəzər'var]
roepen (om hulp)	chamar (vt)	[ʃɐ'mar]
schieten (ww)	disparar, atirar (vi)	[diʃpɐ'rar], [ɐti'rar]
schreeuwen (ww)	gritar (vi)	[gri'tar]

schrijven (ww)	escrever (vt)	[əʃkrə'ver]
souperen (ww)	jantar (vi)	[ʒɐ̃'tar]
spelen (kinderen)	brincar, jogar (vi, vt)	[brĩ'kar], [ʒu'gar]
spreken (ww)	falar (vi)	[fɐ'lar]
stelen (ww)	roubar (vt)	[ʀo'bar]
stoppen (pauzeren)	parar (vi)	[pɐ'rar]

studeren (Nederlands ~)	estudar (vt)	[əʃtu'dar]
sturen (zenden)	enviar (vt)	[ẽ'vjar]
tellen (optellen)	contar (vt)	[kõ'tar]
toebehoren aan …	pertencer a …	[pərtẽ'ser ɐ]
toestaan (ww)	permitir (vt)	[pərmi'tir]
tonen (ww)	mostrar (vt)	[mu'ʃtrar]

twijfelen (onzeker zijn)	duvidar (vt)	[duvi'dar]
uitgaan (ww)	sair (vi)	[se'ir]
uitnodigen (ww)	convidar (vt)	[kõvi'dar]
uitspreken (ww)	pronunciar (vt)	[prunũ'sjar]
uitvaren tegen (ww)	repreender (vt)	[ʀəprië'der]

13. De belangrijkste werkwoorden. Deel 4

vallen (ww)	cair (vi)	[ke'ir]
vangen (ww)	apanhar (vt)	[epe'ɲar]
veranderen (anders maken)	mudar (vt)	[mu'dar]
verbaasd zijn (ww)	surpreender-se (vr)	[surprië'dersə]
verbergen (ww)	esconder (vt)	[əʃkõ'der]

verdedigen (je land ~)	defender (vt)	[dəfë'der]
verenigen (ww)	unir (vt)	[u'nir]
vergelijken (ww)	comparar (vt)	[kõpe'rar]
vergeten (ww)	esquecer (vt)	[əʃkɛ'ser]
vergeven (ww)	perdoar (vt)	[pərdu'ar]

verklaren (uitleggen)	explicar (vt)	[əʃpli'kar]
verkopen (per stuk ~)	vender (vt)	[vë'der]
vermelden (praten over)	mencionar (vt)	[mẽsiu'nar]
versieren (decoreren)	decorar (vt)	[dəku'rar]
vertalen (ww)	traduzir (vt)	[trɛdu'zir]

vertrouwen (ww)	confiar (vt)	[kõ'fjar]
vervolgen (ww)	continuar (vt)	[kõtinu'ar]
verwarren (met elkaar ~)	confundir (vt)	[kõfũ'dir]
verzoeken (ww)	pedir (vt)	[pe'dir]
verzuimen (school, enz.)	faltar a ...	[fal'tar e]

vinden (ww)	encontrar (vt)	[ẽkõ'trar]
vliegen (ww)	voar (vi)	[vu'ar]
volgen (ww)	seguir ...	[sə'gir]
voorstellen (ww)	propor (vt)	[pru'por]
voorzien (verwachten)	prever (vt)	[prə'ver]
vragen (ww)	perguntar (vt)	[pərgũ'tar]

waarnemen (ww)	observar (vt)	[ɔbsər'var]
waarschuwen (ww)	advertir (vt)	[edvər'tir]
wachten (ww)	esperar (vt)	[əʃpə'rar]
weerspreken (ww)	objetar (vt)	[ɔbʒɛ'tar]
weigeren (ww)	negar-se a ...	[ne'garse a]

werken (ww)	trabalhar (vi)	[trebe'ʎar]
weten (ww)	saber (vt)	[se'ber]
willen (verlangen)	querer (vt)	[kə'rer]
zeggen (ww)	dizer (vt)	[di'zer]
zich haasten (ww)	apressar-se (vr)	[epre'sarsə]

zich interesseren voor ...	interessar-se (vr)	[ĩtərə'sarsə]
zich vergissen (ww)	equivocar-se (vi)	[ẽge'narsə]
zich verontschuldigen	desculpar-se (vr)	[dəʃkul'parsə]

zien (ww)	ver (vt)	[ver]
zoeken (ww)	buscar (vt)	[bu'ʃkar]
zwemmen (ww)	nadar (vi)	[nɐ'dar]
zwijgen (ww)	ficar em silêncio	[fi'kar ẽ si'lẽsiu]

14. Kleuren

kleur (de)	cor (f)	[kor]
tint (de)	matiz (m)	[mɐ'tiʒ]
kleurnuance (de)	tom (m)	[tõ]
regenboog (de)	arco-íris (m)	['arku 'iriʃ]

wit (bn)	branco	['brãku]
zwart (bn)	preto	['pretu]
grijs (bn)	cinzento	[sĩ'zẽtu]

groen (bn)	verde	['verdə]
geel (bn)	amarelo	[ɐmɐ'rɛlu]
rood (bn)	vermelho	[vər'mɐʎu]

blauw (bn)	azul	[ɐ'zul]
lichtblauw (bn)	azul claro	[ɐ'zul 'klaru]
roze (bn)	rosa	['ʀɔzɐ]
oranje (bn)	laranja	[lɐ'rãʒɐ]
violet (bn)	violeta	[viu'letɐ]
bruin (bn)	castanho	[kɐ'ʃteɲu]

goud (bn)	dourado	[do'radu]
zilverkleurig (bn)	prateado	[prɐ'tjadu]

beige (bn)	bege	['bɛʒə]
roomkleurig (bn)	creme	['krɛmə]
turkoois (bn)	turquesa	[tur'kezɐ]
kersrood (bn)	vermelho cereja	[vər'mɐʎu sə'reʒɐ]
lila (bn)	lilás	[li'laʃ]
karmijnrood (bn)	carmesim	[kɐrmə'zĩ]

licht (bn)	claro	['klaru]
donker (bn)	escuro	[ə'ʃkuru]
fel (bn)	vivo	['vivu]

kleur-, kleurig (bn)	de cor	[də kor]
kleuren- (abn)	a cores	[ɐ 'korəʃ]
zwart-wit (bn)	preto e branco	['pretu i 'brãku]
eenkleurig (bn)	unicolor	[uniku'lor]
veelkleurig (bn)	multicor, multicolor	[multi'kor], [multiku'lor]

15. Vragen

Wie?	Quem?	[kẽⁱ]
Wat?	Que?	[ke]
Waar?	Onde?	['õdə]

Waarheen?	Para onde?	['pɐɾɐ 'õdə]
Waarvandaan?	De onde?	[də 'õdə]
Wanneer?	Quando?	[ku'ãdu]
Waarom?	Para quê?	['pɐɾɐ ke]
Waarom?	Porquê?	[pur'ke]

Waarvoor dan ook?	Para quê?	['pɐɾɐ ke]
Hoe?	Como?	['komu]
Wat voor ...?	Qual?	[ku'al]
Welk?	Qual?	[ku'al]

Aan wie?	A quem?	[ɐ kẽɪ̯]
Over wie?	De quem?	[də kẽɪ̯]
Waarover?	Do quê?	[du ke]
Met wie?	Com quem?	[kõ kẽɪ̯]

Hoeveel? (telb.)	Quantos? -as?	[ku'ãtuʃ, -ɐʃ]
Hoeveel? (ontelb.)	Quanto?	[ku'ãtu]
Van wie? (mann.)	De quem?	[də kẽɪ̯]

16. Voorzetsels

met (bijv. ~ beleg)	com ...	[kõ]
zonder (~ accent)	sem	[sẽɪ̯]
naar (in de richting van)	a ..., para ...	[ɐ], ['pɐɾɐ]
over (praten ~)	sobre ...	['sobrə]
voor (in tijd)	antes de ...	['ãtəʃ də]
voor (aan de voorkant)	diante de ...	[di'ãtə də]

onder (lager dan)	debaixo de ...	[də'baɪʃu də]
boven (hoger dan)	sobre ..., em cima de ...	['sobrə], [ẽ 'simɐ də]
op (bovenop)	em ..., sobre ...	[ẽɪ̯], ['sobrə]
van (uit, afkomstig van)	de ...	[də]
van (gemaakt van)	de ...	[də]

| over (bijv. ~ een uur) | dentro de ... | ['dẽtru də] |
| over (over de bovenkant) | por cima de ... | [pur 'simɐ də] |

17. Functiewoorden. Bijwoorden. Deel 1

Waar?	Onde?	['õdə]
hier (bw)	aqui	[ɐ'ki]
daar (bw)	lá, ali	[la], [ɐ'li]

| ergens (bw) | em algum lugar | [ɛn al'gũ lu'gar] |
| nergens (bw) | em lugar nenhum | [ẽ lu'gar nə'ɲũ] |

| bij ... (in de buurt) | ao pé de ... | ['au pɛ də] |
| bij het raam | ao pé da janela | ['au pɛ də ʒe'nɛlɐ] |

| Waarheen? | Para onde? | ['pɐɾɐ 'õdə] |
| hierheen (bw) | para cá | ['pɐɾɐ ka] |

daarheen (bw)	para lá	['pɛɾɐ la]
hiervandaan (bw)	daqui	[dɐ'ki]
daarvandaan (bw)	de lá, dali	[də la], [dɐ'li]
dichtbij (bw)	perto	['pɛɾtu]
ver (bw)	longe	['lõʒə]
in de buurt (van …)	perto de …	['pɛɾtu də]
dichtbij (bw)	ao lado de	[au 'ladu də]
niet ver (bw)	perto, não fica longe	['pɛɾtu], ['nãu 'fikɐ 'lõʒə]
linker (bn)	esquerdo	[ə'ʃkerdu]
links (bw)	à esquerda	[a ə'ʃkerdɐ]
linksaf, naar links (bw)	para esquerda	['pɛɾɐ ə'ʃkerdɐ]
rechter (bn)	direito	[di'rejtu]
rechts (bw)	à direita	[a di'rejtɐ]
rechtsaf, naar rechts (bw)	para direita	['pɛɾɐ di'rejtɐ]
vooraan (bw)	adiante, à frente	[edi'ãtə], [a 'frẽtə]
voorste (bn)	da frente	[dɐ 'frẽtə]
vooruit (bw)	para a frente	['pɛɾɐ a 'frẽtə]
achter (bw)	atrás de …	[ɐ'traʃ də]
van achteren (bw)	por detrás	[pur de'traʃ]
achteruit (naar achteren)	para trás	['pɛɾɐ 'traʃ]
midden (het)	meio (m), metade (f)	['meju], [mə'tadə]
in het midden (bw)	no meio	[nu 'meju]
opzij (bw)	de lado	[də 'ladu]
overal (bw)	em todo lugar	[ãn 'todu lu'gar]
omheen (bw)	ao redor	['au ʀə'dɔr]
binnenuit (bw)	de dentro	[də 'dẽtru]
naar ergens (bw)	para algum lugar	['pɛɾɐ al'gũ lu'gar]
rechtdoor (bw)	diretamente	[dirɐtɐ'mẽtə]
terug (bijv. ~ komen)	de volta	['paɾɐ 'traʃ]
ergens vandaan (bw)	de algum lugar	[də al'gũ lu'gar]
ergens vandaan	de algum lugar	[də al'gũ lu'gar]
(en dit geld moet ~ komen)		
ten eerste (bw)	em primeiro lugar	[ẽ pri'mejru lu'gar]
ten tweede (bw)	em segundo lugar	[ẽ sə'gũdu lu'gar]
ten derde (bw)	em terceiro lugar	[ẽ tər'sejru lu'gar]
plotseling (bw)	de súbito, de repente	[də 'subitu], [də ʀə'pẽtə]
in het begin (bw)	no início	[nu i'nisiu]
voor de eerste keer (bw)	pela primeira vez	['pelɐ pri'mejrɐ 'veʒ]
lang voor … (bw)	muito antes de …	['mujtu 'ãtəʃ də]
opnieuw (bw)	de novo	[də 'novu]
voor eeuwig (bw)	para sempre	['pɛɾɐ 'sẽprə]
nooit (bw)	nunca	['nũkɐ]
weer (bw)	de novo	[də 'novu]

nu (bw)	agora	[ɐ'gɔɾɐ]
vaak (bw)	frequentemente	[frɐkuɐ̃tɐ'mẽtə]
toen (bw)	então	[ẽ'tãu]
urgent (bw)	urgentemente	[urʒẽtɐ'mẽtə]
meestal (bw)	usualmente	[uzual'mẽtə]

trouwens, ... (tussen haakjes)	a propósito, ...	[ɐ pru'pɔzitu]
mogelijk (bw)	é possível	[ɛ pu'sivɛl]
waarschijnlijk (bw)	provavelmente	[pruvavɛl'mẽtə]
misschien (bw)	talvez	[ta'lveʒ]
trouwens (bw)	além disso, ...	[a'lɐ̃ 'disu]
daarom ...	por isso ...	[pur 'isu]
in weerwil van ...	apesar de ...	[ɐpə'zar də]
dankzij ...	graças a ...	['grasɐʃ ɐ]

wat (vn)	que	[kə]
dat (vw)	que	[kə]
iets (vn)	algo	[algu]
iets	alguma coisa	[al'gumɐ 'kojzɐ]
niets (vn)	nada	['nadɐ]

wie (~ is daar?)	quem	[kɐ̃ʲ]
iemand (een onbekende)	alguém	[al'gɐ̃ʲ]
iemand (een bepaald persoon)	alguém	[al'gɐ̃ʲ]

niemand (vn)	ninguém	[nĩ'gɐ̃ʲ]
nergens (bw)	para lugar nenhum	['pɐɾɐ lu'gar nə'ɲũ]
niemands (bn)	de ninguém	[də nĩ'gɐ̃ʲ]
iemands (bn)	de alguém	[də al'gɐ̃ʲ]

zo (Ik ben ~ blij)	tão	['tãu]
ook (evenals)	também	[tã'bɐ̃ʲ]
alsook (eveneens)	também	[tã'bɐ̃ʲ]

18. Functiewoorden. Bijwoorden. Deel 2

Waarom?	Porquê?	[pur'ke]
om een bepaalde reden	por alguma razão	[pur al'gumɐ ʀɐ'zãu]
omdat ...	porque ...	['purkə]
voor een bepaald doel	por qualquer razão	['pur kual'kɛr ʀɐ'zãw]

en (vw)	e	[i]
of (vw)	ou	['ou]
maar (vw)	mas	[mɐʃ]
voor (vz)	para	['pɐɾɐ]

te (~ veel mensen)	demasiado, muito	[dəmɐzi'adu], ['mujtu]
alleen (bw)	só, somente	[sɔ], [sɔ'mẽtə]
precies (bw)	exatamente	[ezatɐ'mẽtə]
ongeveer (~ 10 kg)	cerca de ...	['serkɐ də]
omstreeks (bw)	aproximadamente	[ɐprɔsimadɐ'mẽtə]
bij benadering (bn)	aproximado	[ɐprɔsi'madu]

| bijna (bw) | quase | [ku'azə] |
| rest (de) | resto (m) | ['Rɛʃtu] |

de andere (tweede)	o outro	[u 'otru]
ander (bn)	outro	['otru]
elk (bn)	cada	['kedə]
om het even welk	qualquer	[kua'lkɛr]
veel (telb.)	muitos, muitas	['mujtuʃ], ['mujteʃ]
veel (ontelb.)	muito	['mujtu]
veel mensen	muitas pessoas	['mujteʃ pə'soeʃ]
iedereen (alle personen)	todos	['toduʃ]

in ruil voor ...	em troca de ...	[ē 'trɔke də]
in ruil (bw)	em troca	[ē 'trɔke]
met de hand (bw)	à mão	[a 'mãu]
onwaarschijnlijk (bw)	pouco provável	['poku pru'vavɛl]

waarschijnlijk (bw)	provavelmente	[pruvavɛl'mētə]
met opzet (bw)	de propósito	[də pru'pozitu]
toevallig (bw)	por acidente	[pur esi'dētə]

zeer (bw)	muito	['mujtu]
bijvoorbeeld (bw)	por exemplo	[pur e'zēplu]
tussen (~ twee steden)	entre	['ētrə]
tussen (te midden van)	entre, no meio de ...	['ētrə], [nu 'meju də]
zoveel (bw)	tanto	['tãtu]
vooral (bw)	especialmente	[əʃpəsjal'mētə]

Basisbegrippen Deel 2

19. Dagen van de week

maandag (de)	segunda-feira (f)	[sə'gũdɐ 'fejrɐ]
dinsdag (de)	terça-feira (f)	['tersɐ 'fejrɐ]
woensdag (de)	quarta-feira (f)	[ku'art 'fejrɐ]
donderdag (de)	quinta-feira (f)	['kĩtɐ 'fejrɐ]
vrijdag (de)	sexta-feira (f)	['seʃtɐ 'fejrɐ]
zaterdag (de)	sábado (m)	['sabɐdu]
zondag (de)	domingo (m)	[du'mĩgu]
vandaag (bw)	hoje	['oʒə]
morgen (bw)	amanhã	[amɐ'ɲã]
overmorgen (bw)	depois de amanhã	[də'poɪʃ də amɐ'ɲã]
gisteren (bw)	ontem	['õtẽⁱ]
eergisteren (bw)	anteontem	[ãti'õtẽⁱ]
dag (de)	dia (m)	['diɐ]
werkdag (de)	dia (m) de trabalho	['diɐ də trɐ'baʎu]
feestdag (de)	feriado (m)	[fə'rjadu]
verlofdag (de)	dia (m) de folga	['diɐ də 'fɔlgɐ]
weekend (het)	fim (m) de semana	[fĩ də sə'mɐnɐ]
de hele dag (bw)	o dia todo	[u 'diɐ 'todu]
de volgende dag (bw)	no dia seguinte	[nu 'diɐ sə'gĩtɐ]
twee dagen geleden	há dois dias	[a 'doɪʃ 'dieʃ]
aan de vooravond (bw)	na véspera	[nɐ 'vɛʃpərɐ]
dag-, dagelijks (bn)	diário	[di'ariu]
elke dag (bw)	todos os dias	['toduʃ uʃ 'dieʃ]
week (de)	semana (f)	[sə'mɐnɐ]
vorige week (bw)	na semana passada	[nɐ sə'mɐnɐ pɐ'sadɐ]
volgende week (bw)	na próxima semana	[nɐ 'prɔsimɐ sə'mɐnɐ]
wekelijks (bn)	semanal	[səmɐ'nal]
elke week (bw)	cada semana	['kɐdɐ sə'mɐnɐ]
twee keer per week	duas vezes por semana	['duɐʃ 'vezəʃ pur sə'mɐnɐ]
elke dinsdag	cada terça-feira	['kɐdɐ tersɐ 'fejrɐ]

20. Uren. Dag en nacht

morgen (de)	manhã (f)	[mɐ'ɲã]
's morgens (bw)	de manhã	[də mɐ'ɲã]
middag (de)	meio-dia (m)	['mɐju 'diɐ]
's middags (bw)	à tarde	[a 'tardə]
avond (de)	noite (f)	['nojtɐ]
's avonds (bw)	à noite	[a 'nojtɐ]

nacht (de)	noite (f)	['nojtə]
's nachts (bw)	à noite	[a 'nojtə]
middernacht (de)	meia-noite (f)	['mɐjɐ 'nojtə]
seconde (de)	segundo (m)	[sə'gũdu]
minuut (de)	minuto (m)	[mi'nutu]
uur (het)	hora (f)	['ɔrɐ]
halfuur (het)	meia hora (f)	['mɐjɐ 'ɔrɐ]
kwartier (het)	quarto (m) de hora	[ku'artu də 'ɔrɐ]
vijftien minuten	quinze minutos	['kĩzə mi'nutuʃ]
etmaal (het)	vinte e quatro horas	['vĩtə i ku'atru 'ɔrɐʃ]
zonsopgang (de)	nascer (m) do sol	[nɐ'ʃser du sɔl]
dageraad (de)	amanhecer (m)	[ɐmɐɲɐ'ser]
vroege morgen (de)	madrugada (f)	[mɐdru'gadɐ]
zonsondergang (de)	pôr (m) do sol	[por du 'sɔl]
's morgens vroeg (bw)	de madrugada	[də mɐdru'gadɐ]
vanmorgen (bw)	hoje de manhã	['oʒə də mɐ'ɲã]
morgenochtend (bw)	amanhã de manhã	[amɐ'ɲã də mɐ'ɲã]
vanmiddag (bw)	hoje à tarde	['oʒə a 'tardə]
's middags (bw)	à tarde	[a 'tardə]
morgenmiddag (bw)	amanhã à tarde	[amɐ'ɲã a 'tardə]
vanavond (bw)	esta noite, hoje à noite	['ɛʃtɐ 'nojtə], ['oʒə a 'nojtə]
morgenavond (bw)	amanhã à noite	[amɐ'ɲã a 'nojtə]
klokslag drie uur	às três horas em ponto	[aʃ treʃ 'ɔreʃ ẽ 'põtu]
ongeveer vier uur	por volta das quatro	[pur 'vɔltɐ deʃ ku'atru]
tegen twaalf uur	às doze	[aʃ 'dozə]
over twintig minuten	dentro de vinte minutos	['dẽtru də 'vĩtə mi'nutuʃ]
over een uur	dentro duma hora	['dẽtru 'dumɐ 'ɔrɐ]
op tijd (bw)	a tempo	[ɐ 'tẽpu]
kwart voor ...	... menos um quarto	['menuʃ 'ũ ku'artu]
binnen een uur	durante uma hora	[du'rãtə 'umɐ 'ɔrɐ]
elk kwartier	a cada quinze minutos	[ɐ 'kɐdɐ 'kĩzə mi'nutuʃ]
de klok rond	as vinte e quatro horas	[eʃ 'vĩtə i ku'atru 'ɔrɐʃ]

21. Maanden. Seizoenen

januari (de)	janeiro (m)	[ʒɐ'nɐjru]
februari (de)	fevereiro (m)	[fəvə'rɐjru]
maart (de)	março (m)	['marsu]
april (de)	abril (m)	[ɐ'bril]
mei (de)	maio (m)	['maju]
juni (de)	junho (m)	['ʒuɲu]
juli (de)	julho (m)	['ʒuʎu]
augustus (de)	agosto (m)	[ɐ'goʃtu]
september (de)	setembro (m)	[sə'tẽbru]
oktober (de)	outubro (m)	[o'tubru]

november (de)	novembro (m)	[nu'vẽbru]
december (de)	dezembro (m)	[də'zẽbru]
lente (de)	primavera (f)	[primɐ'vɛrɐ]
in de lente (bw)	na primavera	[nɐ primɐ'vɛrɐ]
lente- (abn)	primaveril	[primɐvə'ril]
zomer (de)	verão (m)	[və'rãu]
in de zomer (bw)	no verão	[nu və'rãu]
zomer-, zomers (bn)	de verão	[də və'rãu]
herfst (de)	outono (m)	[o'tonu]
in de herfst (bw)	no outono	[nu o'tonu]
herfst- (abn)	outonal	[otu'nal]
winter (de)	inverno (m)	[ĩ'vɛrnu]
in de winter (bw)	no inverno	[nu ĩ'vɛrnu]
winter- (abn)	de inverno	[də ĩ'vɛrnu]
maand (de)	mês (m)	[meʃ]
deze maand (bw)	este mês	['eʃtɐ meʃ]
volgende maand (bw)	no próximo mês	[nu 'prɔsimu meʃ]
vorige maand (bw)	no mês passado	[nu meʃ pɐ'sadu]
een maand geleden (bw)	há um mês	[a ũ meʃ]
over een maand (bw)	dentro de um mês	['dẽtru də ũ meʃ]
over twee maanden (bw)	dentro de dois meses	['dẽtru də 'doɪʃ 'mezəʃ]
de hele maand (bw)	todo o mês	['todu u meʃ]
een volle maand (bw)	um mês inteiro	[ũ meʃ ĩ'tejru]
maand-, maandelijks (bn)	mensal	[mẽ'sal]
maandelijks (bw)	mensalmente	[mẽsal'mẽtə]
elke maand (bw)	cada mês	['kɐdɐ meʃ]
twee keer per maand	duas vezes por mês	['duɐʃ 'vezəʃ pur meʃ]
jaar (het)	ano (m)	['ɐnu]
dit jaar (bw)	este ano	['eʃtɐ 'ɐnu]
volgend jaar (bw)	no próximo ano	[nu 'prɔsimu 'ɐnu]
vorig jaar (bw)	no ano passado	[nu 'ɐnu pɐ'sadu]
een jaar geleden (bw)	há um ano	[a ũ 'ɐnu]
over een jaar	dentro dum ano	['dẽtru dũ 'ɐnu]
over twee jaar	dentro de dois anos	['dẽtru də 'doɪʃ 'ɐnuʃ]
het hele jaar	todo o ano	['todu u 'ɐnu]
een vol jaar	um ano inteiro	[ũ 'ɐnu ĩ'tejru]
elk jaar	cada ano	['kɐdɐ 'ɐnu]
jaar-, jaarlijks (bn)	anual	[ɐnu'al]
jaarlijks (bw)	anualmente	[ɐnual'mẽtə]
4 keer per jaar	quatro vezes por ano	[ku'atru 'vezəʃ pur 'ɐnu]
datum (de)	data (f)	['datɐ]
datum (de)	data (f)	['datɐ]
kalender (de)	calendário (m)	[kɐlẽ'dariu]
een half jaar	meio ano	['mɐju 'ɐnu]
zes maanden	seis meses	['sɐɪʃ 'mezəʃ]

28

| seizoen (bijv. lente, zomer) | estação (f) | [əʃtɐ'sãu] |
| eeuw (de) | século (m) | ['sɛkulu] |

22. Meeteenheden

gewicht (het)	peso (m)	['pezu]
lengte (de)	comprimento (m)	[kõpri'mẽtu]
breedte (de)	largura (f)	[lɐr'gurɐ]
hoogte (de)	altura (f)	[al'turɐ]
diepte (de)	profundidade (f)	[prufũdi'dadə]
volume (het)	volume (m)	[vu'lumə]
oppervlakte (de)	área (f)	['ariɐ]

gram (het)	grama (m)	['grɐmɐ]
milligram (het)	miligrama (m)	[mili'grɐmɐ]
kilogram (het)	quilograma (m)	[kilu'grɐmɐ]
ton (duizend kilo)	tonelada (f)	[tunɐ'ladɐ]
pond (het)	libra (f)	['librɐ]
ons (het)	onça (f)	['õsɐ]

meter (de)	metro (m)	['mɛtru]
millimeter (de)	milímetro (m)	[mi'limɘtru]
centimeter (de)	centímetro (m)	[sẽ'timɘtru]
kilometer (de)	quilómetro (m)	[ki'lɔmɘtru]
mijl (de)	milha (f)	['miʎɐ]

duim (de)	polegada (f)	[pulɐ'gadɐ]
voet (de)	pé (m)	[pɛ]
yard (de)	jarda (f)	['ʒardɐ]

| vierkante meter (de) | metro (m) quadrado | ['mɛtru kuɐ'dradu] |
| hectare (de) | hectare (m) | [ɛ'ktarɐ] |

liter (de)	litro (m)	['litru]
graad (de)	grau (m)	['grau]
volt (de)	volt (m)	['vɔltə]
ampère (de)	ampere (m)	[ã'pɛrɐ]
paardenkracht (de)	cavalo-vapor (m)	[kɐ'valu vɐ'por]

hoeveelheid (de)	quantidade (f)	[kuãti'dadə]
een beetje ...	um pouco de ...	[ũ 'poku də]
helft (de)	metade (f)	[mɘ'tadə]

| dozijn (het) | dúzia (f) | ['duziɐ] |
| stuk (het) | peça (f) | ['pɛsɐ] |

| afmeting (de) | dimensão (f) | [dimẽ'sãu] |
| schaal (bijv. ~ van 1 op 50) | escala (f) | [ə'ʃkalɐ] |

minimaal (bn)	mínimo	['minimu]
minste (bn)	menor, mais pequeno	[mɘ'nɔr], ['maiʃ pɘ'kenu]
medium (bn)	médio	['mɛdiu]
maximaal (bn)	máximo	['masimu]
grootste (bn)	maior, mais grande	[mɘ'jɔr], ['maiʃ 'grãdɐ]

23. Containers

glazen pot (de)	boião (m) de vidro	[bo'jãu də 'vidru]
blik (conserven~)	lata (f)	['latə]
emmer (de)	balde (m)	['baldə]
ton (bijv. regenton)	barril (m)	[bɐ'ʀil]
ronde waterbak (de)	bacia (f)	[bɐ'siɐ]
tank (bijv. watertank-70-ltr)	tanque (m)	['tãkə]
heupfles (de)	cantil (m) de bolso	[kã'til de 'bolsu]
jerrycan (de)	bidão (m) de gasolina	[bi'dãu də gɐzu'linɐ]
tank (bijv. ketelwagen)	cisterna (f)	[si'ʃtɛrnɐ]
beker (de)	caneca (f)	[kɐ'nɛkɐ]
kopje (het)	chávena (f)	['ʃavɐnɐ]
schoteltje (het)	pires (m)	['pirəʃ]
glas (het)	copo (m)	['kɔpu]
wijnglas (het)	taça (f) de vinho	['tasɐ de 'viɲu]
pan (de)	panela, caçarola (f)	[pɐ'nɛlɐ], [kɐsɐ'rɔlɐ]
fles (de)	garrafa (f)	[gɐ'ʀafɐ]
flessenhals (de)	gargalo (m)	[gɐr'galu]
karaf (de)	garrafa (f)	[gɐ'ʀafɐ]
kruik (de)	jarro (m)	['ʒaʀu]
vat (het)	recipiente (m)	[ʀəsipi'ẽtə]
pot (de)	pote (m)	['pɔtə]
vaas (de)	vaso (m), jarra (f)	['vazu], ['ʒaʀɐ]
flacon (de)	frasco (m)	['fraʃku]
flesje (het)	frasquinho (m)	[frɐ'ʃkiɲu]
tube (bijv. ~ tandpasta)	tubo (m)	['tubu]
zak (bijv. ~ aardappelen)	saca (f)	['sakɐ]
tasje (het)	saco (m)	['saku]
pakje (~ sigaretten, enz.)	maço (m)	['masu]
doos (de)	caixa (f)	['kaɪʃɐ]
kist (de)	caixa (f)	['kaɪʃɐ]
mand (de)	cesto (m), cesta (f)	['seʃtu], ['seʃtɐ]

MENS

Mens. Het lichaam

24. Hoofd

hoofd (het)	cabeça (f)	[keˈbese]
gezicht (het)	cara (f)	[ˈkare]
neus (de)	nariz (m)	[neˈriʒ]
mond (de)	boca (f)	[ˈboke]
oog (het)	olho (m)	[ˈoʎu]
ogen (mv.)	olhos (m pl)	[ˈɔʎuʃ]
pupil (de)	pupila (f)	[puˈpile]
wenkbrauw (de)	sobrancelha (f)	[subrãˈseʎe]
wimper (de)	pestana (f)	[peˈʃtene]
ooglid (het)	pálpebra (f)	[ˈpalpebre]
tong (de)	língua (f)	[ˈlĩgue]
tand (de)	dente (m)	[ˈdẽte]
lippen (mv.)	lábios (m pl)	[ˈlabiuʃ]
jukbeenderen (mv.)	maçãs (f pl) do rosto	[meˈsãʃ du ˈRoʃtu]
tandvlees (het)	gengiva (f)	[ʒẽˈʒive]
gehemelte (het)	palato (m)	[peˈlatu]
neusgaten (mv.)	narinas (f pl)	[neˈrineʃ]
kin (de)	queixo (m)	[ˈkeɪʃu]
kaak (de)	mandíbula (f)	[mãˈdibule]
wang (de)	bochecha (f)	[buˈʃeʃe]
voorhoofd (het)	testa (f)	[ˈtɛʃte]
slaap (de)	têmpora (f)	[ˈtẽpure]
oor (het)	orelha (f)	[ɔˈreʎe]
achterhoofd (het)	nuca (f)	[ˈnuke]
hals (de)	pescoço (m), colo (m)	[peˈʃkosu], [ˈkolu]
keel (de)	garganta (f)	[gerˈgãte]
haren (mv.)	cabelos (m pl)	[keˈbeluʃ]
kapsel (het)	penteado (m)	[pẽˈtjadu]
haarsnit (de)	corte (m) de cabelo	[ˈkɔrte de keˈbelu]
pruik (de)	peruca (f)	[peˈruke]
snor (de)	bigode (m)	[biˈgɔde]
baard (de)	barba (f)	[ˈbarbe]
dragen (een baard, enz.)	usar, ter (vt)	[uˈzar], [ter]
vlecht (de)	trança (f)	[ˈtrãse]
bakkebaarden (mv.)	suíças (f pl)	[suˈiseʃ]
ros (roodachtig, rossig)	ruivo	[ˈRujvu]
grijs (~ haar)	grisalho	[griˈzaʎu]

kaal (bn)	calvo	['kalvu]
kale plek (de)	calva (f)	['kalvɐ]

paardenstaart (de)	rabo-de-cavalo (m)	[ʀabu dǝ kɐ'valu]
pony (de)	franja (f)	['frãʒɐ]

25. Menselijk lichaam

hand (de)	mão (f)	['mãu]
arm (de)	braço (m)	['brasu]

vinger (de)	dedo (m)	['dedu]
teen (de)	dedo (m)	['dedu]
duim (de)	polegar (m)	[pulǝ'gar]
pink (de)	dedo (m) mindinho	['dedu mĩ'diɲu]
nagel (de)	unha (f)	['uɲɐ]

vuist (de)	punho (m)	['puɲu]
handpalm (de)	palma (f)	['palmɐ]
pols (de)	pulso (m)	['pulsu]
voorarm (de)	antebraço (m)	[ãtǝ'brasu]
elleboog (de)	cotovelo (m)	[kutu'velu]
schouder (de)	ombro (m)	['õbru]

been (rechter ~)	perna (f)	['pɛrnɐ]
voet (de)	pé (m)	[pɛ]
knie (de)	joelho (m)	[ʒu'ɐʎu]
kuit (de)	barriga (f) da perna	[bɐ'ʀigɐ dɐ 'pɛrnɐ]
heup (de)	anca (f)	[ãkɐ]
hiel (de)	calcanhar (m)	[kalkɐ'ɲar]

lichaam (het)	corpo (m)	['korpu]
buik (de)	barriga (f)	[bɐ'ʀigɐ]
borst (de)	peito (m)	['pejtu]
borst (de)	seio (m)	['sɐju]
zijde (de)	lado (m)	['ladu]
rug (de)	costas (f pl)	['kɔʃtɐʃ]
lage rug (de)	região (f) lombar	[ʀɐ'ʒjãu lõ'bar]
taille (de)	cintura (f)	[sĩ'turɐ]

navel (de)	umbigo (m)	[ũ'bigu]
billen (mv.)	nádegas (f pl)	['nadǝgɐʃ]
achterwerk (het)	traseiro (m)	[trɐ'zɐjru]

huidvlek (de)	sinal (m)	[si'nal]
moedervlek (de)	sinal (m) de nascença	[si'nal dǝ nɐ'ʃsẽsɐ]
tatoeage (de)	tatuagem (f)	[tɐtu'aʒẽ']
litteken (het)	cicatriz (f)	[sikɐ'triʒ]

Kleding en accessoires

26. Bovenkleding. Jassen

kleren (mv.)	roupa (f)	['Rope]
bovenkleding (de)	roupa (f) exterior	['Rope əʃtə'rjor]
winterkleding (de)	roupa (f) de inverno	['Rope də ĩ'vɛrnu]
jas (de)	sobretudo (m)	[sobrə'tudu]
bontjas (de)	casaco (m) de peles	[kɐ'zaku də 'pɛləʃ]
bontjasje (het)	casaco curto (m) de pele	[kɐ'zaku 'kurtu də 'pɛlə]
donzen jas (de)	casaco (m) acolchoado	[kɐ'zaku ɐkɔlʃu'adu]
jasje (bijv. een leren ~)	casaco, blusão (m)	[kɐ'zaku], [blu'zãu]
regenjas (de)	impermeável (m)	[ĩpərmi'avɛl]
waterdicht (bn)	impermeável	[ĩpər'mjavɛl]

27. Heren & dames kleding

overhemd (het)	camisa (f)	[kɐ'mizɐ]
broek (de)	calças (f pl)	['kalsɐʃ]
jeans (de)	calças (f pl) de ganga	['kalsɐʃ də 'gãgɐ]
colbert (de)	casaco (m)	[kɐ'zaku]
kostuum (het)	fato (m)	['fatu]
jurk (de)	vestido (m)	[vɐ'ʃtidu]
rok (de)	saia (f)	['sajɐ]
blouse (de)	blusa (f)	['bluzɐ]
wollen vest (de)	casaco (m) de malha	[kɐ'zaku də 'maʎɐ]
blazer (kort jasje)	casaco, blazer (m)	[kɐ'zaku], ['blɐjzɐr]
T-shirt (het)	T-shirt, camiseta (f)	['tiʃɐrt], [kɛmi'zetɐ]
shorts (mv.)	short (m), calções (m pl)	['ʃɔrt], [ka'lsoɪʃ]
trainingspak (het)	fato (m) de treino	['fatu də 'trɐjnu]
badjas (de)	roupão (m) de banho	[Ro'pãu də 'bɐɲu]
pyjama (de)	pijama (m)	[pi'ʒɐmɐ]
sweater (de)	suéter (m)	[su'ɛtɐr]
pullover (de)	pulôver (m)	[pu'lovɐr]
gilet (het)	colete (m)	[ku'letɐ]
rokkostuum (het)	fraque (m)	['frakɐ]
smoking (de)	smoking (m)	['smokiŋ]
uniform (het)	uniforme (m)	[uni'fɔrmɐ]
werkkleding (de)	roupa (f) de trabalho	['Rope də trɐ'baʎu]
overall (de)	fato-macaco (m)	['fatu mɐ'kaku]
doktersjas (de)	bata (f)	['batɐ]

28. Kleding. Ondergoed

ondergoed (het)	roupa (f) interior	[ˈʀopɐ ĩtəˈrjoɾ]
herenslip (de)	cuecas boxer (f pl)	[kuˈɛkɐʃ ˈbɔksɐɾ]
slipjes (mv.)	cuecas (f pl)	[kuˈɛkɐʃ]
onderhemd (het)	camisola (f) interior	[kɐmiˈzɔlɐ ĩtəˈrjoɾ]
sokken (mv.)	peúgas (f pl)	[ˈpjugɐʃ]
nachthemd (het)	camisa (f) de noite	[kɐˈmizɐ də ˈnojtə]
beha (de)	sutiã (m)	[suˈtjã]
kniekousen (mv.)	meias longas (f pl)	[ˈmɐjɐʃ ˈlõgɐʃ]
panty (de)	meia-calça (f)	[ˈmɐjɐ ˈkalsɐ]
nylonkousen (mv.)	meias (f pl)	[ˈmɐjɐʃ]
badpak (het)	fato (m) de banho	[ˈfatu də ˈbɐɲu]

29. Hoofddeksels

hoed (de)	chapéu (m)	[ʃɐˈpɛu]
deukhoed (de)	chapéu (m) de feltro	[ʃɐˈpɛu də ˈfeltru]
honkbalpet (de)	boné (m) de beisebol	[bɔˈnɛ də ˈbɛjzbol]
kleppet (de)	boné (m)	[bɔˈnɛ]
baret (de)	boina (f)	[ˈbɔjnɐ]
kap (de)	capuz (m)	[kɐˈpuʃ]
panamahoed (de)	panamá (m)	[pɐnɐˈma]
gebreide muts (de)	gorro (m) de malha	[ˈgoʀu də ˈmaʎɐ]
hoofddoek (de)	lenço (m)	[ˈlẽsu]
dameshoed (de)	chapéu (m) de mulher	[ʃɐˈpɛu də muˈʎɛɾ]
veiligheidshelm (de)	capacete (m)	[kɐpɐˈsetə]
veldmuts (de)	bibico (m)	[biˈbiku]
helm, valhelm (de)	capacete (m)	[kɐpɐˈsetə]
bolhoed (de)	chapéu-coco (m)	[ʃɐˈpɛu ˈkoku]
hoge hoed (de)	chapéu (m) alto	[ʃɐˈpɛu ˈaltu]

30. Schoeisel

schoeisel (het)	calçado (m)	[kalˈsadu]
schoenen (mv.)	botinas (f pl)	[buˈtinɐʃ]
vrouwenschoenen (mv.)	sapatos (m pl)	[sɐˈpatuʃ]
laarzen (mv.)	botas (f pl)	[ˈbotɐʃ]
pantoffels (mv.)	pantufas (f pl)	[pãˈtufɐʃ]
sportschoenen (mv.)	ténis (m pl)	[ˈtɛniʃ]
sneakers (mv.)	sapatilhas (f pl)	[sɐpɐˈtiʎɐʃ]
sandalen (mv.)	sandálias (f pl)	[sãˈdaliɐʃ]
schoenlapper (de)	sapateiro (m)	[sɐpɐˈtɐjru]
hiel (de)	salto (m)	[ˈsaltu]

paar (een ~ schoenen)	par (m)	[par]
veter (de)	atacador (m)	[ɐtɐkɐ'dor]
rijgen (schoenen ~)	apertar os atacadores	[ɐpər'tar uʃ ɐtɐkɐ'dorəʃ]
schoenlepel (de)	calçadeira (f)	[kalsɐ'dejrɐ]
schoensmeer (de/het)	graxa (f) para calçado	['graʃɐ 'pɐrɐ ka'lsadu]

31. Persoonlijke accessoires

handschoenen (mv.)	luvas (f pl)	['luveʃ]
wanten (mv.)	mitenes (f pl)	[mi'tɛnəʃ]
sjaal (fleece ~)	cachecol (m)	[kaʃə'kɔl]

bril (de)	óculos (m pl)	['ɔkuluʃ]
brilmontuur (het)	armação (f)	[ɐrmɐ'sãu]
paraplu (de)	guarda-chuva (m)	[guardɐ 'ʃuvɐ]
wandelstok (de)	bengala (f)	[bẽ'galɐ]
haarborstel (de)	escova (f) para o cabelo	[ə'ʃkovɐ 'pɐrɐ u kɐ'belu]
waaier (de)	leque (m)	['lɛkə]

das (de)	gravata (f)	[grɐ'vatɐ]
strikje (het)	gravata-borboleta (f)	[grɐ'vatɐ burbu'letɐ]
bretels (mv.)	suspensórios (m pl)	[suʃpẽ'sɔriuʃ]
zakdoek (de)	lenço (m)	['lẽsu]

kam (de)	pente (m)	['pẽtə]
haarspeldje (het)	travessão (m)	[trɐvɐ'sãu]
schuifspeldje (het)	gancho (m) de cabelo	['gãʃu də kɐ'belu]
gesp (de)	fivela (f)	[fi'vɛlɐ]

broekriem (de)	cinto (m)	['sĩtu]
draagriem (de)	correia (f)	[ku'rɐjɐ]

handtas (de)	mala (f)	['malɐ]
damestas (de)	mala (f) de senhora	['malɐ də sə'ɲorɐ]
rugzak (de)	mochila (f)	[mu'ʃilɐ]

32. Kleding. Diversen

mode (de)	moda (f)	['mɔdɐ]
de mode (bn)	na moda	[nɐ 'mɔdɐ]
kledingstilist (de)	estilista (m)	[əʃti'liʃtɐ]

kraag (de)	colarinho (m), gola (f)	[kulɐ'riɲu], ['gɔlɐ]
zak (de)	bolso (m)	['bolsu]
zak- (abn)	de bolso	[də 'bolsu]
mouw (de)	manga (f)	['mãgɐ]
lusje (het)	alcinha (f)	[al'siɲɐ]
gulp (de)	braguilha (f)	[brɐ'giʎɐ]

rits (de)	fecho (m) de correr	['feʃu də ku'rɐr]
sluiting (de)	fecho (m), colchete (m)	['feʃu], [kɔ'lʃetə]
knoop (de)	botão (m)	[bu'tãu]

| knoopsgat (het) | casa (f) de botão | ['kazɐ də bu'tãu] |
| losraken (bijv. knopen) | soltar-se (vr) | [sɔl'tarsə] |

naaien (kleren, enz.)	coser (vi)	[ku'zer]
borduren (ww)	bordar (vt)	[bur'dar]
borduursel (het)	bordado (m)	[bur'dadu]
naald (de)	agulha (f)	[ɐ'guʎɐ]
draad (de)	fio (m)	['fiu]
naad (de)	costura (f)	[ku'ʃturɐ]

vies worden (ww)	sujar-se (vr)	[su'ʒarsə]
vlek (de)	mancha (f)	['mãʃɐ]
gekreukt raken (ov. kleren)	engelhar-se (vr)	[ẽʒə'ʎarsə]
scheuren (ov.ww.)	rasgar (vt)	[ʀɐʒ'gar]
mot (de)	traça (f)	['trasɐ]

33. Persoonlijke verzorging. Schoonheidsmiddelen

tandpasta (de)	pasta (f) de dentes	['paʃtɐ də 'dẽtəʃ]
tandenborstel (de)	escova (f) de dentes	[ə'ʃkovɐ də 'dẽtəʃ]
tanden poetsen (ww)	escovar os dentes	[əʃku'var uʃ 'dẽtəʃ]

scheermes (het)	máquina (f) de barbear	['makinɐ də bɐrbi'ar]
scheerschuim (het)	creme (m) de barbear	['krɛmə də bɐr'bjar]
zich scheren (ww)	barbear-se (vr)	[bɐr'bjarsə]

| zeep (de) | sabonete (m) | [sɐbu'netə] |
| shampoo (de) | champô (m) | [ʃã'po] |

schaar (de)	tesoura (f)	[tə'zorɐ]
nagelvijl (de)	lima (f) de unhas	['limɐ də 'uɲɐʃ]
nagelknipper (de)	corta-unhas (m)	['kɔrtɐ 'uɲɐʃ]
pincet (het)	pinça (f)	['pĩsɐ]

cosmetica (mv.)	cosméticos (m pl)	[ku'ʒmɛtikuʃ]
masker (het)	máscara (f)	['maʃkɐrɐ]
manicure (de)	manicura (f)	[mɐni'kurɐ]
manicure doen	fazer a manicura	[fɐ'zer ɐ mɐni'kurɐ]
pedicure (de)	pedicure (f)	[pedi'kurɐ]

cosmetica tasje (het)	mala (f) de maquilhagem	['malɐ də mɐki'ʎaʒẽĩ]
poeder (de/het)	pó (m)	[pɔ]
poederdoos (de)	caixa (f) de pó	['kaiʃɐ də pɔ]
rouge (de)	blush (m)	[bleʃ]

parfum (de/het)	perfume (m)	[pɐr'fumə]
eau de toilet (de)	água (f) de toilette	['aguɐ də tua'lɛtə]
lotion (de)	loção (f)	[lu'sãu]
eau de cologne (de)	água-de-colónia (f)	['aguɐ də ku'lɔniɐ]

oogschaduw (de)	sombra (f) de olhos	['sõbrɐ də 'ɔʎuʃ]
oogpotlood (het)	lápis (m) delineador	['lapiʃ dəlinie'dor]
mascara (de)	máscara (f), rímel (m)	['maʃkɐrɐ], ['ʀimɛl]
lippenstift (de)	batom (m)	['batõ]

nagellak (de)	verniz (m) de unhas	[vər'niʒ də 'uɲɐʃ]
haarlak (de)	laca (f) para cabelos	['lakɐ 'pɐɾɐ kɐ'beluʃ]
deodorant (de)	desodorizante (m)	[dəzɔdɔri'zãtə]

crème (de)	creme (m)	['krɛmə]
gezichtscrème (de)	creme (m) de rosto	['krɛmə də 'ʀoʃtu]
handcrème (de)	creme (m) de mãos	['krɛmə də 'mãuʃ]
antirimpelcrème (de)	creme (m) antirrugas	['krɛmə ãti'ʀugɐʃ]
dagcrème (de)	creme (m) de dia	['krɛmə də 'diɐ]
nachtcrème (de)	creme (m) de noite	['krɛmə də 'nojtə]
dag- (abn)	de dia	[də 'diɐ]
nacht- (abn)	da noite	[dɐ 'nojtə]

tampon (de)	tampão (m)	[tã'pãu]
toiletpapier (het)	papel (m) higiénico	[pɐ'pɛl i'ʒjɛniku]
föhn (de)	secador (m) elétrico	[səkɐ'dor e'lɛtriku]

34. Horloges. Klokken

polshorloge (het)	relógio (m) de pulso	[ʀə'lɔʒiu də 'pulsu]
wijzerplaat (de)	mostrador (m)	[muʃtre'dor]
wijzer (de)	ponteiro (m)	[põ'tejru]
metalen horlogeband (de)	bracelete (f) em aço	[brɐsə'lɛtə ãj 'asu]
horlogebandje (het)	bracelete (f) em couro	[brɐsə'lɛtə ãj 'koru]

batterij (de)	pilha (f)	['piʎɐ]
leeg zijn (ww)	acabar (vi)	[ɐkɐ'bar]
batterij vervangen	trocar a pilha	[tru'kar ɐ 'piʎɐ]
voorlopen (ww)	estar adiantado	[ə'ʃtar ɐdiã'tadu]
achterlopen (ww)	estar atrasado	[ə'ʃtar ɐtrɐ'zadu]

wandklok (de)	relógio (m) de parede	[ʀə'lɔʒiu də pɐ'redə]
zandloper (de)	ampulheta (f)	[ãpu'ʎetɐ]
zonnewijzer (de)	relógio (m) de sol	[ʀə'lɔʒiu də sɔl]
wekker (de)	despertador (m)	[dəʃpərtɐ'dor]
horlogemaker (de)	relojoeiro (m)	[ʀəluʒu'ejru]
repareren (ww)	reparar (vt)	[ʀəpɐ'rar]

Voedsel. Voeding

35. Voedsel

vlees (het)	carne (f)	['karnə]
kip (de)	galinha (f)	[gɐ'liɲɐ]
kuiken (het)	frango (m)	['frãgu]
eend (de)	pato (m)	['patu]
gans (de)	ganso (m)	['gãsu]
wild (het)	caça (f)	['kasɐ]
kalkoen (de)	peru (m)	[pə'ru]
varkensvlees (het)	carne (f) de porco	['karnə də 'porku]
kalfsvlees (het)	carne (f) de vitela	['karnə də vi'tɛlə]
schapenvlees (het)	carne (f) de carneiro	['karnə də kɐr'nɐjru]
rundvlees (het)	carne (f) de vaca	['karnə də 'vakɐ]
konijnenvlees (het)	carne (f) de coelho	['karnə də ku'eʎu]
worst (de)	chouriço, salsichão (m)	[ʃo'risu], [salsi'ʃãu]
saucijs (de)	salsicha (f)	[sa'lsiʃɐ]
spek (het)	bacon (m)	['bɐjkɐn]
ham (de)	fiambre (f)	['fjãbrə]
gerookte achterham (de)	presunto (m)	[prə'zũtu]
paté (de)	patê (m)	[pɐ'te]
lever (de)	fígado (m)	['figɐdu]
gehakt (het)	carne (f) moída	['karnə mu'idə]
tong (de)	língua (f)	['lĩguɐ]
ei (het)	ovo (m)	['ovu]
eieren (mv.)	ovos (m pl)	['ɔvuʃ]
eiwit (het)	clara (f) do ovo	['klarɐ du 'ovu]
eigeel (het)	gema (f) do ovo	['ʒemɐ du 'ovu]
vis (de)	peixe (m)	['pɐjʃə]
zeevruchten (mv.)	mariscos (m pl)	[mɐ'riʃkuʃ]
schaaldieren (mv.)	crustáceos (m pl)	[kru'ʃtasiuʃ]
kaviaar (de)	caviar (m)	[ka'vjar]
krab (de)	caranguejo (m)	[kɐrã'geʒu]
garnaal (de)	camarão (m)	[kɐmɐ'rãu]
oester (de)	ostra (f)	['ɔʃtrɐ]
langoest (de)	lagosta (f)	[lɐ'gɔʃtɐ]
octopus (de)	polvo (m)	['polvu]
inktvis (de)	lula (f)	['lulɐ]
steur (de)	esturjão (m)	[əʃtur'ʒãu]
zalm (de)	salmão (m)	[sal'mãu]
heilbot (de)	halibute (m)	[ali'butə]
kabeljauw (de)	bacalhau (m)	[bɐkɐ'ʎau]

makreel (de)	cavala, sarda (f)	[kɐ'valɐ], ['sardɐ]
tonijn (de)	atum (m)	[ɐ'tũ]
paling (de)	enguia (f)	[ẽ'giɐ]

forel (de)	truta (f)	['trutɐ]
sardine (de)	sardinha (f)	[sɐr'diɲɐ]
snoek (de)	lúcio (m)	['lusiu]
haring (de)	arenque (m)	[ɐ'rẽkɐ]

brood (het)	pão (m)	['pãu]
kaas (de)	queijo (m)	['kejʒu]
suiker (de)	açúcar (m)	[ɐ'sukar]
zout (het)	sal (m)	[sal]

rijst (de)	arroz (m)	[ɐ'ʀɔʒ]
pasta (de)	massas (f pl)	['masɐʃ]
noedels (mv.)	talharim (m)	[tɐʎɐ'ʀĩ]

boter (de)	manteiga (f)	[mã'tejgɐ]
plantaardige olie (de)	óleo (m) vegetal	['ɔliu vɐʒɐ'tal]
zonnebloemolie (de)	óleo (m) de girassol	['ɔliu dɐ ʒirɐ'sɔl]
margarine (de)	margarina (f)	[mɐrgɐ'rinɐ]

olijven (mv.)	azeitonas (f pl)	[ɐzej'tonɐʒ]
olijfolie (de)	azeite (m)	[ɐ'zejtɐ]

melk (de)	leite (m)	['lejtɐ]
gecondenseerde melk (de)	leite (m) condensado	['lejtɐ kõdẽ'sadu]
yoghurt (de)	iogurte (m)	[jɔ'gurtɐ]
zure room (de)	nata (f) azeda	['natɐ ɐ'zedɐ]
room (de)	nata (f) do leite	['natɐ du 'lejtɐ]

mayonaise (de)	maionese (f)	[maju'nezɐ]
crème (de)	creme (m)	['krɛmɐ]

graan (het)	grãos (m pl) de cereais	['grãuʃ dɐ sɐ'rjaɪʃ]
meel (het), bloem (de)	farinha (f)	[fɐ'riɲɐ]
conserven (mv.)	enlatados (m pl)	[ẽlɐ'taduʃ]

maïsvlokken (mv.)	flocos (m pl) de milho	['flɔkuʃ dɐ 'miʎu]
honing (de)	mel (m)	[mɛl]
jam (de)	doce (m)	['dosɐ]
kauwgom (de)	pastilha (f) elástica	[pɐ'ʃtiʎɐ e'laʃtikɐ]

36. Drankjes

water (het)	água (f)	['aguɐ]
drinkwater (het)	água (f) potável	['aguɐ pu'tavɛl]
mineraalwater (het)	água (f) mineral	['aguɐ minɐ'ral]

zonder gas	sem gás	[sẽʲ gaʃ]
koolzuurhoudend (bn)	gaseificada	[gɐziifi'kadɐ]
bruisend (bn)	com gás	[kõ gaʃ]
ijs (het)	gelo (m)	['ʒelu]

met ijs	com gelo	[kõ 'ʒelu]
alcohol vrij (bn)	sem álcool	[sɛm 'alkuɔl]
alcohol vrije drank (de)	bebida (f) sem álcool	[bə'bidɐ sɛn 'alkuɔl]
frisdrank (de)	refresco (m)	[ʀɐ'freʃku]
limonade (de)	limonada (f)	[limu'nadɐ]

alcoholische dranken (mv.)	bebidas (f pl) alcoólicas	[bə'bideʃ alku'ɔlikeʃ]
wijn (de)	vinho (m)	['viɲu]
witte wijn (de)	vinho (m) branco	['viɲu 'brãku]
rode wijn (de)	vinho (m) tinto	['viɲu 'tĩtu]

likeur (de)	licor (m)	[li'kor]
champagne (de)	champanhe (m)	[ʃã'pɐɲə]
vermout (de)	vermute (m)	[vər'mutə]

whisky (de)	uísque (m)	[u'iʃkə]
wodka (de)	vodca, vodka (f)	['vɔdkɐ]
gin (de)	gim (m)	[ʒĩ]
cognac (de)	conhaque (m)	[ku'ɲakə]
rum (de)	rum (m)	[ʀũ]

koffie (de)	café (m)	[kɐ'fɛ]
zwarte koffie (de)	café (m) puro	[kɐ'fɛ 'puru]
koffie (de) met melk	café (m) com leite	[kɐ'fɛ kõ 'lejtə]
cappuccino (de)	cappuccino (m)	[kapu'tʃinu]
oploskoffie (de)	café (m) solúvel	[kɐ'fɛ su'luvɛl]

melk (de)	leite (m)	['lejtə]
cocktail (de)	coquetel (m)	[kɔkə'tɛl]
milkshake (de)	batido (m) de leite	[bɐ'tidu də 'lejtə]

sap (het)	sumo (m)	['sumu]
tomatensap (het)	sumo (m) de tomate	['sumu də tu'matə]
sinaasappelsap (het)	sumo (m) de laranja	['sumu də lɐ'rãʒɐ]
vers geperst sap (het)	sumo (m) fresco	['sumu 'freʃku]

bier (het)	cerveja (f)	[sər'veʒɐ]
licht bier (het)	cerveja (f) clara	[sər'veʒɐ 'klarɐ]
donker bier (het)	cerveja (f) preta	[sər'veʒɐ 'pretɐ]

thee (de)	chá (m)	[ʃa]
zwarte thee (de)	chá (m) preto	[ʃa 'pretu]
groene thee (de)	chá (m) verde	[ʃa 'verdə]

37. Groenten

| groenten (mv.) | legumes (m pl) | [lə'guməʃ] |
| verse kruiden (mv.) | verduras (f pl) | [vər'dureʃ] |

tomaat (de)	tomate (m)	[tu'matə]
augurk (de)	pepino (m)	[pə'pinu]
wortel (de)	cenoura (f)	[sə'norɐ]
aardappel (de)	batata (f)	[bɐ'tatɐ]
ui (de)	cebola (f)	[sə'bolɐ]

knoflook (de)	alho (m)	['aʎu]
kool (de)	couve (f)	['kovə]
bloemkool (de)	couve-flor (f)	['kovə 'flor]
spruitkool (de)	couve-de-bruxelas (f)	['kovə də bru'ʃɛleʃ]
broccoli (de)	brócolos (m pl)	['brɔkuluʃ]

rode biet (de)	beterraba (f)	[bətə'ʀabe]
aubergine (de)	beringela (f)	[bəɾĩ'ʒɛlɐ]
courgette (de)	curgete (f)	[kur'ʒɛtə]
pompoen (de)	abóbora (f)	[ɐ'boburɐ]
raap (de)	nabo (m)	['nabu]

peterselie (de)	salsa (f)	['salsə]
dille (de)	funcho, endro (m)	['fũʃu], ['ẽdru]
sla (de)	alface (f)	[al'fasə]
selderij (de)	aipo (m)	['ajpu]
asperge (de)	espargo (m)	[ə'ʃpargu]
spinazie (de)	espinafre (m)	[əʃpi'nafrə]

erwt (de)	ervilha (f)	[er'viʎɐ]
bonen (mv.)	fava (f)	['favɐ]
maïs (de)	milho (m)	['miʎu]
nierboon (de)	feijão (m)	[fɐj'ʒãu]

peper (de)	pimentão (m)	[pimẽ'tãu]
radijs (de)	rabanete (m)	[ʀɐbɐ'netə]
artisjok (de)	alcachofra (f)	[alkɐ'ʃofrɐ]

38. Vruchten. Noten

vrucht (do)	fruta (f)	['frutɐ]
appel (de)	maçã (f)	[mɐ'sã]
peer (de)	pera (f)	['perɐ]
citroen (de)	limão (m)	[li'mãu]
sinaasappel (de)	laranja (f)	[lɐ'rãʒɐ]
aardbei (de)	morango (m)	[mu'rãgu]

mandarijn (de)	tangerina (f)	[tãʒə'rinɐ]
pruim (de)	ameixa (f)	[ɐ'mɐjʃɐ]
perzik (de)	pêssego (m)	['pesəgu]
abrikoos (de)	damasco (m)	[dɐ'maʃku]
framboos (de)	framboesa (f)	[frãbu'ezɐ]
ananas (de)	ananás (m)	[ɐnɐ'naʃ]

banaan (de)	banana (f)	[bɐ'nɐnɐ]
watermeloen (de)	melancia (f)	[mɐlã'siɐ]
druif (de)	uva (f)	['uvɐ]
zure kers (de)	ginja (f)	['ʒĩʒɐ]
zoete kers (de)	cereja (f)	[sə'rɐʒɐ]
meloen (de)	meloa (f), melão (m)	[mə'loɐ], [mə'lãu]

grapefruit (de)	toranja (f)	[tu'rãʒɐ]
avocado (de)	abacate (m)	[ɐbɐ'katə]
papaja (de)	papaia (f), mamão (m)	[pɐ'pajɐ], [mɐ'mãu]

mango (de)	manga (f)	['mãgɐ]
granaatappel (de)	romã (f)	[ʀu'mã]

rode bes (de)	groselha (f) vermelha	[gru'zeʎɐ vɐr'meʎɐ]
zwarte bes (de)	groselha (f) preta	[gru'zeʎɐ 'pretɐ]
kruisbes (de)	groselha (f) espinhosa	[gru'zeʎɐ ɐʃpi'ɲozɐ]
blauwe bosbes (de)	mirtilo (m)	[mir'tilu]
braambes (de)	amora silvestre (f)	[ɐ'mɔrɐ sil'vɛʃtrɐ]

rozijn (de)	uvas (f pl) passas	['uveʃ 'pasɐʃ]
vijg (de)	figo (m)	['figu]
dadel (de)	tâmara (f)	['tɐmɐrɐ]

pinda (de)	amendoim (m)	[ɐmẽdu'ĩ]
amandel (de)	amêndoa (f)	[ɐ'mẽduɐ]
walnoot (de)	noz (f)	[nɔʒ]
hazelnoot (de)	avelã (f)	[ɐvɐ'lã]
kokosnoot (de)	coco (m)	['koku]
pistaches (mv.)	pistáchios (m pl)	[pi'ʃtaʃiuʃ]

39. Brood. Snoep

suikerbakkerij (de)	pastelaria (f)	[peʃtɐlɐ'riɐ]
brood (het)	pão (m)	['pãu]
koekje (het)	bolacha (f)	[bu'laʃɐ]

chocolade (de)	chocolate (m)	[ʃuku'latɐ]
chocolade- (abn)	de chocolate	[dɐ ʃuku'latɐ]
snoepje (het)	rebuçado (m)	[ʀɐbu'sadu]
cakeje (het)	bolo (m)	['bolu]
taart (bijv. verjaardags~)	bolo (m) de aniversário	['bolu dɐ ɐnivɐr'sariu]

pastei (de)	tarte (f)	['tartɐ]
vulling (de)	recheio (m)	[ʀɐ'ʃeju]

confituur (de)	doce (m)	['dosɐ]
marmelade (de)	geleia (f) de frutas	[ʒɐ'lɐjɐ dɐ 'frutɐʃ]
wafel (de)	waffle (m)	['wɐjfɐl]
ijsje (het)	gelado (m)	[ʒɐ'ladu]
pudding (de)	pudim (m)	[pu'dĩ]

40. Bereide gerechten

gerecht (het)	prato (m)	['pratu]
keuken (bijv. Franse ~)	cozinha (f)	[ku'ziɲɐ]
recept (het)	receita (f)	[ʀɐ'sejtɐ]
portie (de)	porção (f)	[pur'sãu]

salade (de)	salada (f)	[sɐ'ladɐ]
soep (de)	sopa (f)	['sopɐ]
bouillon (de)	caldo (m)	['kaldu]
boterham (de)	sandes (f)	['sãdɐʃ]

spiegelei (het)	ovos (m pl) estrelados	['ɔvuʃ əʃtrə'laduʃ]
hamburger (de)	hambúrguer (m)	[ã'burgɛr]
biefstuk (de)	bife (m)	['bifə]

garnering (de)	conduto (m)	[kõ'dutu]
spaghetti (de)	espaguete (m)	[əʃpɐ'getə]
aardappelpuree (de)	puré (m) de batata	[pu'rɛ də bɐ'tatɐ]
pizza (de)	pizza (f)	['pitzɐ]
pap (de)	papa (f)	['papɐ]
omelet (de)	omelete (f)	[ɔmə'lɛtə]

gekookt (in water)	cozido	[ku'zidu]
gerookt (bn)	fumado	[fu'madu]
gebakken (bn)	frito	['fritu]
gedroogd (bn)	seco	['seku]
diepvries (bn)	congelado	[kõʒə'ladu]
gemarineerd (bn)	em conserva	[ẽ kõ'sɛrvɐ]

zoet (bn)	doce, açucarado	['dosə], [ɐsukɐ'radu]
gezouten (bn)	salgado	[sa'lgadu]
koud (bn)	frio	['friu]
heet (bn)	quente	['kẽtə]
bitter (bn)	amargo	[ɐ'margu]
lekker (bn)	gostoso	[gu'ʃtozu]

koken (in kokend water)	cozinhar em água a ferver	[kuzi'ɲar ɛn 'aguɐ ɐ fər'ver]
bereiden (avondmaaltijd ~)	preparar (vt)	[prəpɐ'rar]
bakken (ww)	fritar (vt)	[fri'tar]
opwarmen (ww)	aquecer (vt)	[ɐkɛ'ser]

zouten (ww)	salgar (vt)	[sa'lgar]
peperen (ww)	apimentar (vt)	[ɐpimẽ'tar]
raspen (ww)	ralar (vt)	[ʀɐ'lar]
schil (de)	casca (f)	['kaʃkɐ]
schillen (ww)	descascar (vt)	[dəʃkɐ'ʃkar]

41. Kruiden

zout (het)	sal (m)	[sal]
gezouten (bn)	salgado	[sa'lgadu]
zouten (ww)	salgar (vt)	[sa'lgar]

zwarte peper (de)	pimenta (f) preta	[pi'mẽtɐ 'pretɐ]
rode peper (de)	pimenta (f) vermelha	[pi'mẽtɐ vər'meʎɐ]
mosterd (de)	mostarda (f)	[mu'ʃtardɐ]
mierikswortel (de)	raiz-forte (f)	[ʀɐ'iʃ 'fortə]

condiment (het)	condimento (m)	[kõdi'mẽtu]
specerij, kruiderij (de)	especiaria (f)	[əʃpəsiɐ'riɐ]
saus (de)	molho (m)	['moʎu]
azijn (de)	vinagre (m)	[vi'nagrə]

anijs (de)	anis (m)	[ɐ'niʃ]
basilicum (de)	manjericão (m)	[mãʒəri'kãu]

kruidnagel (de)	cravo (m)	['kravu]
gember (de)	gengibre (m)	[ʒẽ'ʒibrə]
koriander (de)	coentro (m)	[ku'ẽtru]
kaneel (de/het)	canela (f)	[kɐ'nɛlɐ]

sesamzaad (het)	sésamo (m)	['sɛzɐmu]
laurierblad (het)	folhas (f pl) de louro	['foʎeʃ də 'loru]
paprika (de)	páprica (f)	['paprikɐ]
komijn (de)	cominho (m)	[ku'miɲu]
saffraan (de)	açafrão (m)	[ɐsɐ'frãu]

42. Maaltijden

| eten (het) | comida (f) | [ku'midɐ] |
| eten (ww) | comer (vt) | [ku'mer] |

ontbijt (het)	pequeno-almoço (m)	[pə'kenu al'mosu]
ontbijten (ww)	tomar o pequeno-almoço	[tu'mar u pə'kenu al'mosu]
lunch (de)	almoço (m)	[al'mosu]
lunchen (ww)	almoçar (vi)	[almu'sar]
avondeten (het)	jantar (m)	[ʒã'tar]
souperen (ww)	jantar (vi)	[ʒã'tar]

| eetlust (de) | apetite (m) | [ɐpə'titə] |
| Eet smakelijk! | Bom apetite! | [bõ ɐpə'titə] |

openen (een fles ~)	abrir (vt)	[ɐ'brir]
morsen (koffie, enz.)	derramar (vt)	[dərɐ'mar]
zijn gemorst	derramar-se (vr)	[dərɐ'marsə]

koken (water kookt bij 100°C)	ferver (vi)	[fər'ver]
koken (Hoe om water te ~)	ferver (vt)	[fər'ver]
gekookt (~ water)	fervido	[fər'vidu]

| afkoelen (koeler maken) | arrefecer (vt) | [ɐrəfə'ser] |
| afkoelen (koeler worden) | arrefecer-se (vr) | [ɐrəfə'sersə] |

| smaak (de) | sabor, gosto (m) | [sɐ'bor], ['goʃtu] |
| nasmaak (de) | gostinho (m) | [gu'ʃtiɲu] |

volgen een dieet	fazer dieta	[fɐ'zer di'ɛtɐ]
dieet (het)	dieta (f)	[di'ɛtɐ]
vitamine (de)	vitamina (f)	[vitɐ'minɐ]
calorie (de)	caloria (f)	[kɐlu'riɐ]

| vegetariër (de) | vegetariano (m) | [vəʒətɐ'rjɐnu] |
| vegetarisch (bn) | vegetariano | [vəʒətɐ'rjɐnu] |

vetten (mv.)	gorduras (f pl)	[gur'dureʃ]
eiwitten (mv.)	proteínas (f pl)	[prote'ineʃ]
koolhydraten (mv.)	carboidratos (m pl)	[kɐrbuid'ratuʃ]
snede (de)	fatia (f)	[fɐ'tiɐ]
stuk (bijv. een ~ taart)	bocado, pedaço (m)	[bu'kadu], [pə'dasu]
kruimel (de)	migalha (f)	[mi'gaʎɐ]

43. Tafelschikking

lepel (de)	colher (f)	[ku'ʎɛr]
mes (het)	faca (f)	['fakɐ]
vork (de)	garfo (m)	['garfu]
kopje (het)	chávena (f)	['ʃavɐnɐ]
bord (het)	prato (m)	['pratu]
schoteltje (het)	pires (m)	['pirɐʃ]
servet (het)	guardanapo (m)	[guɐrdɐ'napu]
tandenstoker (de)	palito (m)	[pɐ'litu]

44. Restaurant

restaurant (het)	restaurante (m)	[Rɐʃtau'rãtɐ]
koffiehuis (het)	café (m)	[kɐ'fɛ]
bar (de)	bar (m), cervejaria (f)	[bar], [sɐrvɐʒɐ'riɐ]
tearoom (de)	salão (m) de chá	[sɐ'lãu dɐ ʃa]
kelner, ober (de)	empregado (m)	[ẽprɐ'gadu]
serveerster (de)	empregada (f)	[ẽprɐ'gadɐ]
barman (de)	barman (m)	['barmɐn]
menu (het)	ementa (f)	[e'mẽtɐ]
wijnkaart (de)	lista (f) de vinhos	['liʃtɐ dɐ 'viɲuʃ]
een tafel reserveren	reservar uma mesa	[Rɐzɐr'var 'umɐ 'mezɐ]
gerecht (het)	prato (m)	['pratu]
bestellen (eten ~)	pedir (vt)	[pɐ'dir]
een bestelling maken	pedir (vi)	[pɐ'dir]
aperitief (de/het)	aperitivo (m)	[epɐri'tivu]
voorgerecht (het)	entrada (f)	[ẽ'tradɐ]
dessert (het)	sobremesa (f)	[sobrɐ'mezɐ]
rekening (de)	conta (f)	['kõtɐ]
de rekening betalen	pagar a conta	[pɐ'gar ɐ 'kõtɐ]
wisselgeld teruggeven	dar o troco	[dar u 'troku]
fooi (de)	gorjeta (f)	[gur'ʒetɐ]

Familie, verwanten en vrienden

45. Persoonlijke informatie. Formulieren

naam (de)	nome (m)	['nomə]
achternaam (de)	apelido (m)	[ɐpə'lidu]
geboortedatum (de)	data (f) de nascimento	['datɐ də neʃsi'mẽtu]
geboorteplaats (de)	local (m) de nascimento	[lu'kal də neʃsi'mẽtu]
nationaliteit (de)	nacionalidade (f)	[nɐsiuneli'dadə]
woonplaats (de)	lugar (m) de residência	[lu'gar də ʀɐzi'dẽsiɐ]
land (het)	país (m)	[pɐ'iʃ]
beroep (het)	profissão (f)	[prufi'sãu]
geslacht (ov. het vrouwelijk ~)	sexo (m)	['sɛksu]
lengte (de)	estatura (f)	[əʃtɐ'turɐ]
gewicht (het)	peso (m)	['pezu]

46. Familieleden. Verwanten

moeder (de)	mãe (f)	[mẽʲ]
vader (de)	pai (m)	[paj]
zoon (de)	filho (m)	['fiʎu]
dochter (de)	filha (f)	['fiʎɐ]
jongste dochter (de)	filha (f) mais nova	['fiʎɐ 'maiʃ 'nɔvɐ]
jongste zoon (de)	filho (m) mais novo	['fiʎu 'maiʃ 'novu]
oudste dochter (de)	filha (f) mais velha	['fiʎɐ 'maiʃ 'vɛʎɐ]
oudste zoon (de)	filho (m) mais velho	['fiʎu 'maiʃ 'vɛʎu]
broer (de)	irmão (m)	[ir'mãu]
oudere broer (de)	irmão (m) mais velho	[ir'mãu 'maiʃ 'vɛʎu]
jongere broer (de)	irmão (m) mais novo	[ir'mãu 'maiʃ 'novu]
zuster (de)	irmã (f)	[ir'mã]
oudere zuster (de)	irmã (f) mais velha	[ir'mã 'maiʃ 'vɛʎɐ]
jongere zuster (de)	irmã (f) mais nova	[ir'mã 'maiʃ 'nɔvɐ]
neef (zoon van oom, tante)	primo (m)	['primu]
nicht (dochter van oom, tante)	prima (f)	['primɐ]
mama (de)	mamã (f)	[mɐ'mã]
papa (de)	papá (m)	[pɐ'pa]
ouders (mv.)	pais (pl)	['paiʃ]
kind (het)	criança (f)	[kri'ãsɐ]
kinderen (mv.)	crianças (f pl)	[kri'ãsɐʃ]
oma (de)	avó (f)	[ɐ'vɔ]
opa (de)	avô (m)	[ɐ'vo]

kleinzoon (de)	neto (m)	['nɛtu]
kleindochter (de)	neta (f)	['nɛtɐ]
kleinkinderen (mv.)	netos (pl)	['nɛtuʃ]

oom (de)	tio (m)	['tiu]
tante (de)	tia (f)	['tiɐ]
neef (zoon van broer, zus)	sobrinho (m)	[su'briɲu]
nicht (dochter van broer, zus)	sobrinha (f)	[su'briɲɐ]

schoonmoeder (de)	sogra (f)	['sɔgrɐ]
schoonvader (de)	sogro (m)	['sogru]
schoonzoon (de)	genro (m)	['ʒẽʀu]
stiefmoeder (de)	madrasta (f)	[mɐ'draʃtɐ]
stiefvader (de)	padrasto (m)	[pɐ'draʃtu]

zuigeling (de)	criança (f) de colo	[kri'ãsɐ də 'kɔlu]
wiegenkind (het)	bebé (m)	[bə'bɛ]
kleuter (de)	menino (m)	[mə'ninu]

vrouw (de)	mulher (f)	[mu'ʎɛr]
man (de)	marido (m)	[mɐ'ridu]
echtgenoot (de)	esposo (m)	[ə'ʃpozu]
echtgenote (de)	esposa (f)	[ə'ʃpozɐ]

gehuwd (mann.)	casado	[kɐ'zadu]
gehuwd (vrouw.)	casada	[kɐ'zadɐ]
ongehuwd (mann.)	solteiro	[sɔl'tejru]
vrijgezel (de)	solteirão (m)	[sɔltej'rãu]
gescheiden (bn)	divorciado	[divur'sjadu]
weduwe (de)	viúva (f)	['vjuvɐ]
weduwnaar (de)	viúvo (m)	['vjuvu]

familielid (het)	parente (m)	[pɐ'rẽtɐ]
dichte familielid (het)	parente (m) próximo	[pɐ'rẽtɐ 'prɔsimu]
verre familielid (het)	parente (m) distante	[pɐ'rẽtɐ di'ʃtãtɐ]
familieleden (mv.)	parentes (m pl)	[pɐ'rẽtəʃ]

voogd (de)	tutor (m)	[tu'tor]
adopteren (een jongen te ~)	adotar (vt)	[edɔ'tar]
adopteren (een meisje te ~)	adotar (vt)	[edɔ'tar]

Geneeskunde

47. Ziekten

ziekte (de)	doença (f)	[du'ẽsɐ]
ziek zijn (ww)	estar doente	[ə'ʃtar du'ẽtə]
gezondheid (de)	saúde (f)	[sɐ'udə]
snotneus (de)	nariz (m) a escorrer	[nɐ'riʒ ɐ əʃku'ʀer]
angina (de)	amigdalite (f)	[ɐmigdɐ'litə]
verkoudheid (de)	constipação (f)	[kõʃtipɐ'sãu]
verkouden raken (ww)	constipar-se (vr)	[kõʃti'parsə]
bronchitis (de)	bronquite (f)	[brõ'kitə]
longontsteking (de)	pneumonia (f)	[pneumu'niɐ]
griep (de)	gripe (f)	['gripə]
bijziend (bn)	míope	['miupə]
verziend (bn)	presbita	[prɐ'ʒbitə]
scheelheid (de)	estrabismo (m)	[əʃtrɐ'biʒmu]
scheel (bn)	estrábico	[ə'ʃtrabiku]
grauwe staar (de)	catarata (f)	[kɐtɐ'ratə]
glaucoom (het)	glaucoma (m)	[glau'komə]
beroerte (de)	AVC (m), apoplexia (f)	[avɛ'sɛ], [ɐpɔplɛ'ksiɐ]
hartinfarct (het)	ataque (m) cardíaco	[ɐ'takə kɐr'diɐku]
myocardiaal infarct (het)	enfarte (m) do miocárdio	[ẽ'fartə du miɔ'kardiu]
verlamming (de)	paralisia (f)	[pɐrɐli'ziɐ]
verlammen (ww)	paralisar (vt)	[pɐrɐli'zar]
allergie (de)	alergia (f)	[ɐlər'ʒiɐ]
astma (de/het)	asma (f)	['aʒmə]
diabetes (de)	diabetes (f)	[diɐ'bɛtəʃ]
tandpijn (de)	dor (f) de dentes	[dor də 'dẽtəʃ]
tandbederf (het)	cárie (f)	['kariə]
diarree (de)	diarreia (f)	[diɐ'ʀɐjə]
constipatie (de)	prisão (f) de ventre	[pri'zãu də 'vẽtrə]
maagstoornis (de)	desarranjo (m) intestinal	[dəzə'ʀãʒu ĩtəʃti'nal]
voedselvergiftiging (de)	intoxicação (f) alimentar	[ĩtɔksikɐ'sãu ɐlimẽ'tar]
voedselvergiftiging oplopen	intoxicar-se	[ĩtɔksi'karsə]
artritis (de)	artrite (f)	[ɐr'tritə]
rachitis (de)	raquitismo (m)	[ʀɐki'tiʒmu]
reuma (het)	reumatismo (m)	[ʀiumɐ'tiʒmu]
arteriosclerose (de)	arteriosclerose (f)	[ɐrtəriɔʃklə'rɔzə]
gastritis (de)	gastrite (f)	[gɐ'ʃtritə]
blindedarmontsteking (de)	apendicite (f)	[ɐpẽdi'sitə]

| galblaasontsteking (de) | colecistite (f) | [kulɛsi'ʃtitə] |
| zweer (de) | úlcera (f) | ['ulsərɐ] |

mazelen (mv.)	sarampo (m)	[se'rãpu]
rodehond (de)	rubéola (f)	[ʀu'bɛulɐ]
geelzucht (de)	iterícia (f)	[itə'risiɐ]
leverontsteking (de)	hepatite (f)	[epe'titə]

schizofrenie (de)	esquizofrenia (f)	[əʃkizɔfrə'niɐ]
dolheid (de)	raiva (f)	['ʀajvɐ]
neurose (de)	neurose (f)	[neu'rɔzə]
hersenschudding (de)	comoção (f) cerebral	[kumu'sãu sərə'bral]

kanker (de)	cancro (m)	['kãkru]
sclerose (de)	esclerose (f)	[əʃklə'rɔzə]
multiple sclerose (de)	esclerose (f) múltipla	[əʃklə'rɔzə 'multiplɐ]

alcoholisme (het)	alcoolismo (m)	[alkuu'liʒmu]
alcoholicus (de)	alcoólico (m)	[alku'ɔliku]
syfilis (de)	sífilis (f)	['sifiliʃ]
AIDS (de)	SIDA (f)	['sidɐ]

tumor (de)	tumor (m)	[tu'mor]
kwaadaardig (bn)	maligno	[me'lignu]
goedaardig (bn)	benigno	[bə'nignu]

koorts (de)	febre (f)	['fɛbrə]
malaria (de)	malária (f)	[me'lariɐ]
gangreen (het)	gangrena (f)	[gã'grenɐ]
zeeziekte (de)	enjoo (m)	[ẽ'ʒou]
epilepsie (de)	epilepsia (f)	[epilɛp'siɐ]

epidemie (de)	epidemla (f)	[epidə'miɐ]
tyfus (de)	tifo (m)	['tifu]
tuberculose (de)	tuberculose (f)	[tubɛrku'lɔzə]
cholera (de)	cólera (f)	['kɔlərɐ]
pest (de)	peste (f)	['pɛʃtə]

48. Symptomen. Behandelingen. Deel 1

symptoom (het)	sintoma (m)	[sĩ'tomɐ]
temperatuur (de)	temperatura (f)	[tẽpərɐ'turɐ]
verhoogde temperatuur (de)	febre (f)	['fɛbrə]
polsslag (de)	pulso (m)	['pulsu]

duizeling (de)	vertigem (f)	[vər'tiʒẽj]
heet (erg warm)	quente	['kẽtə]
koude rillingen (mv.)	calafrio (m)	[kɐlɐ'friu]
bleek (bn)	pálido	['palidu]

hoest (de)	tosse (f)	['tɔsə]
hoesten (ww)	tossir (vi)	[tɔ'sir]
niezen (ww)	espirrar (vi)	[əʃpi'ʀar]
flauwte (de)	desmaio (m)	[də'ʒmaju]

49

flauwvallen (ww)	desmaiar (vi)	[dəʒmɐˈjar]
blauwe plek (de)	nódoa (f) negra	[ˈnɔduɐ ˈnegrɐ]
buil (de)	galo (m)	[ˈgalu]
zich stoten (ww)	magoar-se (vr)	[mɐguˈarsə]
kneuzing (de)	pisadura (f)	[pizɐˈdurɐ]
kneuzen (gekneusd zijn)	aleijar-se (vr)	[ɐlɐjˈʒarsə]

hinken (ww)	coxear (vi)	[kɔˈksjar]
verstuiking (de)	deslocação (f)	[dəʒlukɐˈsãu]
verstuiken (enkel, enz.)	deslocar (vt)	[dəʒluˈkar]
breuk (de)	fratura (f)	[fraˈturɐ]
een breuk oplopen	fraturar (vt)	[frɐtuˈrar]

snijwond (de)	corte (m)	[ˈkɔrtə]
zich snijden (ww)	cortar-se (vr)	[kurˈtarsə]
bloeding (de)	hemorragia (f)	[emuʀɐˈʒiɐ]

brandwond (de)	queimadura (f)	[kɐjmɐˈdurɐ]
zich branden (ww)	queimar-se (vr)	[kɐjˈmarsə]

prikken (ww)	picar (vt)	[piˈkar]
zich prikken (ww)	picar-se (vr)	[piˈkarsə]
blesseren (ww)	lesionar (vt)	[ləziuˈnar]
blessure (letsel)	lesão (m)	[ləˈzãu]
wond (de)	ferida (f), ferimento (m)	[fəˈridɐ], [fəriˈmẽtu]
trauma (het)	trauma (m)	[ˈtraumɐ]

ijlen (ww)	delirar (vi)	[dəliˈrar]
stotteren (ww)	gaguejar (vi)	[gɐgəˈʒar]
zonnesteek (de)	insolação (f)	[ĩsulɐˈsãu]

49. Symptomen. Behandelingen. Deel 2

pijn (de)	dor (f)	[dor]
splinter (de)	farpa (f)	[ˈfarpɐ]

zweet (het)	suor (m)	[suˈɔr]
zweten (ww)	suar (vi)	[suˈar]
braking (de)	vómito (m)	[ˈvɔmitu]
stuiptrekkingen (mv.)	convulsões (f pl)	[kõvuˈlsoɪʃ]

zwanger (bn)	grávida	[ˈgravidɐ]
geboren worden (ww)	nascer (vi)	[nɐˈʃser]
geboorte (de)	parto (m)	[ˈpartu]
baren (ww)	dar à luz	[dar a luʃ]
abortus (de)	aborto (m)	[ɐˈbortu]

ademhaling (de)	respiração (f)	[ʀəʃpirɐˈsãu]
inademing (de)	inspiração (f)	[ĩʃpirɐˈsãu]
uitademing (de)	expiração (f)	[əʃpirɐˈsãu]
uitademen (ww)	expirar (vi)	[əʃpiˈrar]
inademen (ww)	inspirar (vi)	[ĩʃpiˈrar]
invalide (de)	inválido (m)	[ĩˈvalidu]
gehandicapte (de)	aleijado (m)	[ɐlɐjˈʒadu]

drugsverslaafde (de)	toxicodependente (m)	[tɔksiku·dəpẽ'dẽtə]
doof (bn)	surdo	['surdu]
stom (bn)	mudo	['mudu]
doofstom (bn)	surdo-mudo	['surdu 'mudu]

krankzinnig (bn)	louco	['loku]
krankzinnige (man)	louco (m)	['loku]
krankzinnige (vrouw)	louca (f)	['lokɐ]
krankzinnig worden	ficar louco	[fi'kar 'loku]

gen (het)	gene (m)	['ʒɛnə]
immuniteit (de)	imunidade (f)	[imuni'dadə]
erfelijk (bn)	hereditário	[erədi'tariu]
aangeboren (bn)	congénito	[kõ'ʒɛnitu]

virus (het)	vírus (m)	['viruʃ]
microbe (de)	micróbio (m)	[mi'krɔbiu]
bacterie (de)	bactéria (f)	[ba'ktɛriɐ]
infectie (de)	infeção (f)	[ĩfɛ'sãu]

50. Symptomen. Behandelingen. Deel 3

| ziekenhuis (het) | hospital (m) | [ɔʃpi'tal] |
| patiënt (de) | paciente (m) | [pɐ'sjẽtə] |

diagnose (de)	diagnóstico (m)	[diɐ'gnɔʃtiku]
genezing (de)	cura (f)	['kurɐ]
medische behandeling (de)	tratamento (m) médico	[trɐtɐ'mẽtu 'mɛdiku]
onder behandeling zijn	curar-se (vr)	[ku'rarsə]
behandelen (ww)	tratar (vt)	[trɐ'tar]
zorgen (zieken ~)	cuidar (vt)	[kui'dar]
ziekenzorg (de)	cuidados (m pl)	[kui'daduʃ]

operatie (de)	operação (f)	[ɔpɐrɐ'sãu]
verbinden (een arm ~)	enfaixar (vt)	[ẽfaj'ʃar]
verband (het)	enfaixamento (m)	[ẽfajʃɐ'mẽtu]

vaccin (het)	vacinação (f)	[vɐsinɐ'sãu]
inenten (vaccineren)	vacinar (vt)	[vɐsi'nar]
injectie (de)	injeção (f)	[ĩʒɛ'sãu]
een injectie geven	dar uma injeção	[dar 'umɐ ĩʒɛ'sãu]

aanval (de)	ataque (m)	[ɐ'takə]
amputatie (de)	amputação (f)	[ãputɐ'sãu]
amputeren (ww)	amputar (vt)	[ãpu'tar]
coma (het)	coma (f)	['komɐ]
in coma liggen	estar em coma	[ə'ʃtar ẽ 'komɐ]
intensieve zorg, ICU (de)	reanimação (f)	[ʀiɐnimɐ'sãu]

zich herstellen (ww)	recuperar-se (vr)	[ʀəkupə'rarsə]
toestand (de)	estado (m)	[ə'ʃtadu]
bewustzijn (het)	consciência (f)	[kõ'ʃsjẽsiɐ]
geheugen (het)	memória (f)	[mə'mɔriɐ]
trekken (een kies ~)	tirar (vt)	[ti'rar]

| vulling (de) | chumbo (m), obturação (f) | ['ʃũbu], [ɔbtuɾe'sãu] |
| vullen (ww) | chumbar, obturar (vt) | [ʃũ'baɾ], [ɔbtu'raɾ] |

| hypnose (de) | hipnose (f) | [ip'nɔzə] |
| hypnotiseren (ww) | hipnotizar (vt) | [ipnuti'zaɾ] |

51. Artsen

dokter, arts (de)	médico (m)	['mɛdiku]
ziekenzuster (de)	enfermeira (f)	[ẽfər'mejɾe]
lijfarts (de)	médico (m) pessoal	['mɛdiku pesu'al]

tandarts (de)	dentista (m)	[dẽ'tiʃte]
oogarts (de)	oculista (m)	[ɔku'liʃte]
therapeut (de)	terapeuta (m)	[təɾe'peute]
chirurg (de)	cirurgião (m)	[sirur'ʒjãu]

psychiater (de)	psiquiatra (m)	[psiki'atre]
pediater (de)	pediatra (m)	[pe'djatre]
psycholoog (de)	psicólogo (m)	[psi'kɔlugu]
gynaecoloog (de)	ginecologista (m)	[ʒinɛkulu'ʒiʃte]
cardioloog (de)	cardiologista (m)	[kerdiulu'ʒiʃte]

52. Geneeskunde. Medicijnen. Accessoires

geneesmiddel (het)	medicamento (m)	[mədike'mẽtu]
middel (het)	remédio (m)	[ʀe'mɛdiu]
voorschrijven (ww)	receitar (vt)	[ʀesej'taɾ]
recept (het)	receita (f)	[ʀe'sejte]

tablet (de/het)	comprimido (m)	[kõpri'midu]
zalf (de)	pomada (f)	[pu'made]
ampul (de)	ampola (f)	[ã'pɔle]
drank (de)	preparado (m)	[prepe'radu]
siroop (de)	xarope (m)	[ʃe'rɔpe]
pil (de)	cápsula (f)	['kapsule]
poeder (de/het)	remédio (m) em pó	[ʀe'mɛdiu ẽ pɔ]

verband (het)	ligadura (f)	[lige'dure]
watten (mv.)	algodão (m)	[algu'dãu]
jodium (het)	iodo (m)	['jodu]

pleister (de)	penso (m) rápido	['pẽsu 'ʀapidu]
pipet (de)	conta-gotas (m)	[kõte 'goteʃ]
thermometer (de)	termómetro (m)	[tər'mometru]
spuit (de)	seringa (f)	[se'ʀĩge]

| rolstoel (de) | cadeira (f) de rodas | [ke'dejre də 'ʀɔdeʃ] |
| krukken (mv.) | muletas (f pl) | [mu'leteʃ] |

| pijnstiller (de) | analgésico (m) | [enal'ʒɛziku] |
| laxeermiddel (het) | laxante (m) | [la'ʃãte] |

spiritus (de)	álcool (m)	['alkuɔl]
medicinale kruiden (mv.)	ervas (f pl) medicinais	['ɛrvɐʃ mədisi'naɪʃ]
kruiden- (abn)	de ervas	[də 'ɛrvɐʃ]

HET MENSELIJKE LEEFGEBIED

Stad

53. Stad. Het leven in de stad

stad (de)	cidade (f)	[si'dadə]
hoofdstad (de)	capital (f)	[kɐpi'tal]
dorp (het)	aldeia (f)	[al'dɐjɐ]
plattegrond (de)	mapa (m) da cidade	['mapɐ dɐ si'dadə]
centrum (ov. een stad)	centro (m) da cidade	['sẽtru dɐ si'dadə]
voorstad (de)	subúrbio (m)	[su'burbiu]
voorstads- (abn)	suburbano	[subur'bɐnu]
randgemeente (de)	periferia (f)	[pɐrifɐ'riɐ]
omgeving (de)	arredores (m pl)	[ɐrɐ'dorɐʃ]
blok (huizenblok)	quarteirão (m)	[kuɐrtɐj'rɐ̃u]
woonwijk (de)	quarteirão (m) residencial	[kuɐrtɐj'rɐ̃u rɐzidẽ'sjal]
verkeer (het)	tráfego (m)	['trafɐgu]
verkeerslicht (het)	semáforo (m)	[sɐ'mafuru]
openbaar vervoer (het)	transporte (m) público	[trɐ̃'ʃportə 'publiku]
kruispunt (het)	cruzamento (m)	[kruzɐ'mẽtu]
zebrapad (oversteekplaats)	passadeira (f)	[pɐsɐ'dɐjrɐ]
onderdoorgang (de)	passagem (f) subterrânea	[pɐ'saʒɐ̃j subtɐ'rɐniɐ]
oversteken (de straat ~)	cruzar, atravessar (vt)	[kru'zar], [ɐtrɐvɐ'sar]
voetganger (de)	peão (m)	['pjɐ̃u]
trottoir (het)	passeio (m)	[pɐ'sɐju]
brug (de)	ponte (f)	['põtə]
dijk (de)	margem (f) do rio	['marʒɐ̃j du 'riu]
fontein (de)	fonte (f)	['fõtə]
allee (de)	alameda (f)	[ɐlɐ'medɐ]
park (het)	parque (m)	['parkə]
boulevard (de)	bulevar (m)	[bulɐ'var]
plein (het)	praça (f)	['prasɐ]
laan (de)	avenida (f)	[ɐvɐ'nidɐ]
straat (de)	rua (f)	['ruɐ]
zijstraat (de)	travessa (f)	[trɐ'vɛsɐ]
doodlopende straat (de)	beco (m) sem saída	['beku sẽ sɐ'idɐ]
huis (het)	casa (f)	['kazɐ]
gebouw (het)	edifício, prédio (m)	[edi'fisiu], ['prɛdiu]
wolkenkrabber (de)	arranha-céus (m)	[ɐ'rɐɲɐ 'sɛuʃ]
gevel (de)	fachada (f)	[fɐ'ʃadɐ]
dak (het)	telhado (m)	[tɐ'ʎadu]

venster (het)	janela (f)	[ʒe'nɛlɐ]
boog (de)	arco (m)	['arku]
pilaar (de)	coluna (f)	[ku'lunɐ]
hoek (ov. een gebouw)	esquina (f)	[ə'ʃkinɐ]

vitrine (de)	montra (f)	['mõtrɐ]
gevelreclame (de)	letreiro (m)	[lə'trɐjru]
affiche (de/het)	cartaz (m)	[kɐr'taʃ]
reclameposter (de)	cartaz (m) publicitário	[kɐr'taʃ publisi'tariu]
aanplakbord (het)	painel (m) publicitário	[paj'nɛl publisi'tariu]

vuilnis (de/het)	lixo (m)	['liʃu]
vuilnisbak (de)	cesta (f) do lixo	['seʃtɐ du 'liʃu]
afval weggooien (ww)	jogar lixo na rua	[ʒu'gar 'liʃu nɐ 'ʀuɐ]
stortplaats (de)	aterro (m) sanitário	[e'tɛʀu seni'tariu]

telefooncel (de)	cabine (f) telefónica	[ke'binɐ tələ'fɔnikɐ]
straatlicht (het)	candeeiro (m) de rua	[kã'djɐjru də 'ʀuɐ]
bank (de)	banco (m)	['bãku]

politieagent (de)	polícia (m)	[pu'lisiɐ]
politie (de)	polícia (f)	[pu'lisiɐ]
zwerver (de)	mendigo (m)	[mẽ'digu]
dakloze (de)	sem-abrigo (m)	[sãⁱ e'brigu]

54. Stedelijke instellingen

winkel (de)	loja (f)	['lɔʒɐ]
apotheek (de)	farmácia (f)	[fɐr'masiɐ]
optiek (de)	ótica (f)	['ɔtikɐ]
winkelcentrum (het)	centro (m) comercial	['sẽtru kumɐr'sjal]
supermarkt (de)	supermercado (m)	[supɛrmɐr'kadu]

bakkerij (de)	padaria (f)	[pɐdɐ'riɐ]
bakker (de)	padeiro (m)	[pa'dɐjru]
banketbakkerij (de)	pastelaria (f)	[peʃtələ'riɐ]
kruidenier (de)	mercearia (f)	[mɐrsiɐ'riɐ]
slagerij (de)	talho (m)	['taʎu]

| groentewinkel (de) | loja (f) de legumes | ['lɔʒɐ də lə'gumɐʃ] |
| markt (de) | mercado (m) | [mɐr'kadu] |

koffiehuis (het)	café (m)	[ke'fɛ]
restaurant (het)	restaurante (m)	[ʀeʃtau'rãtə]
bar (de)	bar (m), cervejaria (f)	[bar], [sɐrvɐʒɐ'riɐ]
pizzeria (de)	pizzaria (f)	[pitzɐ'riɐ]

kapperssalon (de/het)	salão (m) de cabeleireiro	[se'lãu də kɐbələj'rɐjru]
postkantoor (het)	correios (m pl)	[ku'ʀɐjuʃ]
stomerij (de)	lavandaria (f)	[lɐvãdɐ'riɐ]
fotostudio (de)	estúdio (m) fotográfico	[ə'ʃtudiu futu'grafiku]

| schoenwinkel (de) | sapataria (f) | [sɐpɐtɐ'riɐ] |
| boekhandel (de) | livraria (f) | [livrɐ'riɐ] |

sportwinkel (de)	loja (f) de artigos de desporto	['lɔʒɐ də ɐr'tiguʃ də də'ʃportu]
kledingreparatie (de)	reparação (f) de roupa	[ʀɐpɐɾɐ'sãu də 'ʀopɐ]
kledingverhuur (de)	aluguer (m) de roupa	[ɐlu'gɛr də 'ʀopɐ]
videotheek (de)	aluguer (m) de filmes	[ɐlu'gɛr də 'filmɐʃ]
circus (de/het)	circo (m)	['sirku]
dierentuin (de)	jardim (m) zoológico	[ʒɐr'dĩ zuu'lɔʒiku]
bioscoop (de)	cinema (m)	[si'nemɐ]
museum (het)	museu (m)	[mu'zeu]
bibliotheek (de)	biblioteca (f)	[bibliu'tɛkɐ]
theater (het)	teatro (m)	[tə'atru]
opera (de)	ópera (f)	['ɔpɐɾɐ]
nachtclub (de)	clube (m) noturno	['klubə nɔ'turnu]
casino (het)	casino (m)	[kɐ'zinu]
moskee (de)	mesquita (f)	[mə'ʃkitɐ]
synagoge (de)	sinagoga (f)	[sinɐ'gɔgɐ]
kathedraal (de)	catedral (f)	[kɐtə'dral]
tempel (de)	templo (m)	['tẽplu]
kerk (de)	igreja (f)	[i'gɾeʒɐ]
instituut (het)	instituto (m)	[ĩʃti'tutu]
universiteit (de)	universidade (f)	[univɐrsi'dadə]
school (de)	escola (f)	[ə'ʃkolɐ]
gemeentehuis (het)	prefeitura (f)	[prɐfɐj'turɐ]
stadhuis (het)	câmara (f) municipal	['kɐmɐɾɐ munisi'pal]
hotel (het)	hotel (m)	[ɔ'tɛl]
bank (de)	banco (m)	['bãku]
ambassade (de)	embaixada (f)	[ẽbaɪ'ʃadɐ]
reisbureau (het)	agência (f) de viagens	[ɐ'ʒẽsiɐ də 'vjaʒẽʃ]
informatieloket (het)	agência (f) de informações	[ɐ'ʒẽsiɐ də ĩfurmɐ'sõʃ]
wisselkantoor (het)	casa (f) de câmbio	['kaze də 'kãbiu]
metro (de)	metro (m)	['mɛtru]
ziekenhuis (het)	hospital (m)	[ɔʃpi'tal]
benzinestation (het)	posto (m) de gasolina	['poʃtu də gɐzu'linɐ]
parking (de)	parque (m) de estacionamento	['parkə də əʃtɐsiunɐ'mẽtu]

55. Borden

gevelreclame (de)	letreiro (m)	[lə'trɐjru]
opschrift (het)	inscrição (f)	[ĩʃkri'sãu]
poster (de)	cartaz, póster (m)	[kɐr'taʃ], ['pɔʃtɛr]
wegwijzer (de)	sinal (m) informativo	[si'nal ĩfurmɐ'tivu]
pijl (de)	seta (f)	['sɛtɐ]
waarschuwing (verwittiging)	aviso (m), advertência (f)	[ɐ'vizu], [ɐdvɐr'tẽsiɐ]
waarschuwingsbord (het)	sinal (m) de aviso	[si'nal də ɐ'vizu]

waarschuwen (ww)	avisar, advertir (vt)	[evi'zar], [edver'tir]
vrije dag (de)	dia (m) de folga	['die de 'fɔlge]
dienstregeling (de)	horário (m)	[ɔ'rariu]
openingsuren (mv.)	horário (m)	[ɔ'rariu]

WELKOM!	BEM-VINDOS!	[bẽ'vĩduʃ]
INGANG	ENTRADA	[ẽ'trade]
UITGANG	SAÍDA	[se'ide]

DUWEN	EMPURRE	[ẽ'puRe]
TREKKEN	PUXE	['puʃe]
OPEN	ABERTO	[e'bɛrtu]
GESLOTEN	FECHADO	[fe'ʃadu]

| DAMES | MULHER | [mu'ʎɛr] |
| HEREN | HOMEM | ['ɔmẽ] |

KORTING	DESCONTOS	[de'ʃkõtuʃ]
UITVERKOOP	SALDOS	['salduʃ]
NIEUW!	NOVIDADE!	[nuvi'dade]
GRATIS	GRÁTIS	['gratiʃ]

PAS OP!	ATENÇÃO!	[etẽ'sãu]
VOLGEBOEKT	NÃO HÁ VAGAS	['nãu a 'vageʃ]
GERESERVEERD	RESERVADO	[Rezer'vadu]

ADMINISTRATIE	ADMINISTRAÇÃO	[edminiʃtre'sãu]
ALLEEN VOOR	SOMENTE PESSOAL	[sɔ'mẽte pesu'al
PERSONEEL	AUTORIZADO	auturi'zadu]

GEVAARLIJKE HOND	CUIDADO CÃO FEROZ	[kui'dadu 'kãu fe'rɔʃ]
VERBODEN TE ROKEN!	PROIBIDO FUMAR!	[prui'bidu fu'mar]
NIET AANRAKEN!	NÃO TOCAR	['nãu tu'kar]

GEVAARLIJK	PERIGOSO	[peri'gozu]
GEVAAR	PERIGO	[pe'rigu]
HOOGSPANNING	ALTA TENSÃO	['alte tẽ'sãu]
VERBODEN TE ZWEMMEN	PROIBIDO NADAR	[prui'bidu ne'dar]
BUITEN GEBRUIK	AVARIADO	[eve'rjadu]

ONTVLAMBAAR	INFLAMÁVEL	[ĩfle'mavɛl]
VERBODEN	PROIBIDO	[prui'bidu]
DOORGANG VERBODEN	ENTRADA PROIBIDA	[ẽ'trade prui'bide]
OPGELET PAS GEVERFD	CUIDADO TINTA FRESCA	[kui'dadu 'tĩte 'freʃke]

56. Stedelijk vervoer

bus, autobus (de)	autocarro (m)	[autɔ'kaRu]
tram (de)	elétrico (m)	[e'lɛtriku]
trolleybus (de)	troleicarro (m)	[trulɛi'kaRu]
route (de)	itinerário (m)	[itine'rariu]
nummer (busnummer, enz.)	número (m)	['numeru]
rijden met ...	ir de ...	[ir de]
stappen (in de bus ~)	entrar em ...	[ẽ'trar ẽ]

afstappen (ww)	descer de ...	[də'ʃser də]
halte (de)	paragem (f)	[pɐ'raʒẽ͂ʲ]
volgende halte (de)	próxima paragem (f)	['prɔsimɐ pɐ'raʒẽ͂ʲ]
eindpunt (het)	ponto (m) final	['põtu fi'nal]
dienstregeling (de)	horário (m)	[ɔ'rariu]
wachten (ww)	esperar (vt)	[əʃpə'rar]

kaartje (het)	bilhete (m)	[bi'ʎetə]
reiskosten (de)	custo (m) do bilhete	['kuʃtu du bi'ʎetə]

kassier (de)	bilheteiro (m)	[biʎə'tejru]
kaartcontrole (de)	controle (m) dos bilhetes	[kõ'trole duʃ bi'ʎetəʃ]
controleur (de)	revisor (m)	[ʀəvi'zor]

te laat zijn (ww)	atrasar-se (vr)	[etrɐ'zarsə]
missen (de bus ~)	perder (vt)	[pər'der]
zich haasten (ww)	estar com pressa	[ə'ʃtar kõ 'prɛsə]

taxi (de)	táxi (m)	['taksi]
taxichauffeur (de)	taxista (m)	[ta'ksiʃtə]
met de taxi (bw)	de táxi	[də 'taksi]
taxistandplaats (de)	praça (f) de táxis	['prasɐ də 'taksiʃ]
een taxi bestellen	chamar um táxi	[ʃe'mar ũ 'taksi]
een taxi nemen	apanhar um táxi	[epe'ɲar ũ 'taksi]

verkeer (het)	tráfego (m)	['trafəgu]
file (de)	engarrafamento (m)	[ẽgeʀɐfe'mẽtu]
spitsuur (het)	horas (f pl) de ponta	['ɔrəʃ də 'põtə]
parkeren (on.ww.)	estacionar (vi)	[əʃtesiu'nar]
parkeren (ov.ww.)	estacionar (vt)	[əʃtesiu'nar]
parking (de)	parque (m) de estacionamento	['parkə də əʃtesiune'mẽtu]

metro (de)	metro (m)	['mɛtru]
halte (bijv. kleine treinhalte)	estação (f)	[əʃtɐ'sãu]
de metro nemen	ir de metro	[ir də 'mɛtru]
trein (de)	comboio (m)	[kõ'bɔju]
station (treinstation)	estação (f)	[əʃtɐ'sãu]

57. Bezienswaardigheden

monument (het)	monumento (m)	[munu'mẽtu]
vesting (de)	fortaleza (f)	[furte'lezə]
paleis (het)	palácio (m)	[pɐ'lasiu]
kasteel (het)	castelo (m)	[ke'ʃtɛlu]
toren (de)	torre (f)	['toʀə]
mausoleum (het)	mausoléu (m)	[mauzu'lɛu]

architectuur (de)	arquitetura (f)	[erkitɛ'turɐ]
middeleeuws (bn)	medieval	[mədiɛ'val]
oud (bn)	antigo	[ã'tigu]
nationaal (bn)	nacional	[nesiu'nal]
bekend (bn)	conhecido	[kuɲə'sidu]
toerist (de)	turista (m)	[tu'riʃtə]

gids (de)	guia (m)	['giɐ]
rondleiding (de)	excursão (f)	[əʃkur'sãu]
tonen (ww)	mostrar (vt)	[mu'ʃtrar]
vertellen (ww)	contar (vt)	[kõ'tar]

vinden (ww)	encontrar (vt)	[ẽkõ'trar]
verdwalen (de weg kwijt zijn)	perder-se (vr)	[pər'dersə]
plattegrond (~ van de metro)	mapa (m)	['mapɐ]
plattegrond (~ van de stad)	mapa (m)	['mapɐ]

souvenir (het)	lembrança (f), presente (m)	[lẽ'brãsə], [prə'zẽtə]
souvenirwinkel (de)	loja (f) de presentes	['lɔʒɐ də prə'zẽtəʃ]
foto's maken	fotografar (vt)	[futugrɐ'far]
zich laten fotograferen	fotografar-se	[futugrɐ'farsə]

58. Winkelen

kopen (ww)	comprar (vt)	[kõ'prar]
aankoop (de)	compra (f)	['kõprɐ]
winkelen (ww)	fazer compras	[fɐ'zer 'kõprɐʃ]
winkelen (het)	compras (f pl)	['kõprɐʃ]

open zijn (ov. een winkel, enz.)	estar aberta	[ə'ʃtar ɐ'bɛrtɐ]
gesloten zijn (ww)	estar fechada	[ə'ʃtar fə'ʃadɐ]

schoeisel (het)	calçado (m)	[kal'sadu]
kleren (mv.)	roupa (f)	['ʀopɐ]
cosmetica (mv.)	cosméticos (m pl)	[ku'ʒmɛtikuʃ]
voedingswaren (mv)	alimentos (m pl)	[ɐli'mẽtuʃ]
geschenk (het)	presente (m)	[prə'zẽtə]

verkoper (de)	vendedor (m)	[vẽdə'dor]
verkoopster (de)	vendedora (f)	[vẽdə'dorɐ]

kassa (de)	caixa (f)	['kaɪʃɐ]
spiegel (de)	espelho (m)	[ə'ʃpɐʎu]
toonbank (de)	balcão (m)	[bal'kãu]
paskamer (de)	cabine (f) de provas	[kɐ'binə də 'prɔvɐʃ]

aanpassen (ww)	provar (vt)	[pru'var]
passen (ov. kleren)	servir (vi)	[sər'vir]
bevallen (prettig vinden)	gostar (vt)	[gu'ʃtar]

prijs (de)	preço (m)	['presu]
prijskaartje (het)	etiqueta (f) de preço	[eti'ketɐ də 'presu]
kosten (ww)	custar (vt)	[ku'ʃtar]
Hoeveel?	Quanto?	[ku'ãtu]
korting (de)	desconto (m)	[də'ʃkõtu]

niet duur (bn)	não caro	['nãu 'karu]
goedkoop (bn)	barato	[bɐ'ratu]
duur (bn)	caro	['karu]
Dat is duur.	É caro	[ɛ 'karu]

verhuur (de)	aluguer (m)	[elu'gɛr]
huren (smoking, enz.)	alugar (vt)	[elu'gar]
krediet (het)	crédito (m)	['krɛditu]
op krediet (bw)	a crédito	[e 'krɛditu]

59. Geld

geld (het)	dinheiro (m)	[di'ɲejru]
ruil (de)	câmbio (m)	['kãbiu]
koers (de)	taxa (f) de câmbio	['taʃe de 'kãbiu]
geldautomaat (de)	Caixa Multibanco (m)	['kaɪʃe multi'bãku]
muntstuk (de)	moeda (f)	[mu'ɛde]

dollar (de)	dólar (m)	['dɔlar]
euro (de)	euro (m)	['euru]

lire (de)	lira (f)	['lire]
Duitse mark (de)	marco (m)	['marku]
frank (de)	franco (m)	['frãku]
pond sterling (het)	libra (f) esterlina	['libre eʃter'line]
yen (de)	iene (m)	['jɛne]

schuld (geldbedrag)	dívida (f)	['divide]
schuldenaar (de)	devedor (m)	[deve'dor]
uitlenen (ww)	emprestar (vt)	[ẽpre'ʃtar]
lenen (geld ~)	pedir emprestado	[pe'dir ẽpre'ʃtadu]

bank (de)	banco (m)	['bãku]
bankrekening (de)	conta (f)	['kõte]
storten (ww)	depositar (vt)	[depuzi'tar]
op rekening storten	depositar na conta	[depuzi'tar ne 'kõte]
opnemen (ww)	levantar (vt)	[levã'tar]

kredietkaart (de)	cartão (m) de crédito	[ker'tãu de 'krɛditu]
baar geld (het)	dinheiro (m) vivo	[di'ɲejru 'vivu]
cheque (de)	cheque (m)	['ʃɛke]
een cheque uitschrijven	passar um cheque	[pe'sar ũ 'ʃɛke]
chequeboekje (het)	livro (m) de cheques	['livru de 'ʃɛkeʃ]

portefeuille (de)	carteira (f)	[ker'tejre]
geldbeugel (de)	porta-moedas (m)	['pɔrte mu'ɛdeʃ]
safe (de)	cofre (m)	['kɔfre]

erfgenaam (de)	herdeiro (m)	[er'dejru]
erfenis (de)	herança (f)	[e'rãse]
fortuin (het)	fortuna (f)	[fur'tune]

huur (de)	arrendamento (m)	[eRẽde'mẽtu]
huurprijs (de)	renda (f) de casa	['Rẽde de 'kaze]
huren (huis, kamer)	alugar (vt)	[elu'gar]

prijs (de)	preço (m)	['presu]
kostprijs (de)	custo (m)	['kuʃtu]
som (de)	soma (f)	['some]

uitgeven (geld besteden)	gastar (vt)	[ge'ʃtar]
kosten (mv.)	gastos (m pl)	['gaʃtuʃ]
bezuinigen (ww)	economizar (vi)	[ekɔnumi'zar]
zuinig (bn)	económico	[eku'nɔmiku]

betalen (ww)	pagar (vt)	[pe'gar]
betaling (de)	pagamento (m)	[pege'mẽtu]
wisselgeld (het)	troco (m)	['troku]

belasting (de)	imposto (m)	[ĩ'poʃtu]
boete (de)	multa (f)	['multe]
beboeten (bekeuren)	multar (vt)	[mul'tar]

60. Post. Postkantoor

postkantoor (het)	correios (m pl)	[ku'ʀejuʃ]
post (de)	correio (m)	[ku'ʀeju]
postbode (de)	carteiro (m)	[ker'tejru]
openingsuren (mv.)	horário (m)	[ɔ'rariu]

brief (de)	carta (f)	['karte]
aangetekende brief (de)	carta (f) registada	['karte ʀeʒi'ʃtade]
briefkaart (de)	postal (m)	[pu'ʃtal]
telegram (het)	telegrama (m)	[tele'greme]
postpakket (het)	encomenda (f) postal	[ẽku'mẽde pu'ʃtal]
overschrijving (de)	remessa (f) de dinheiro	[ʀe'mɛse de di'ɲejru]

ontvangen (ww)	receber (vt)	[ʀese'ber]
sturen (zenden)	enviar (vt)	[ẽ'vjar]
verzending (de)	envio (m)	[ẽ'viu]

adres (het)	endereço (m)	[ẽde'resu]
postcode (de)	código (m) postal	['kɔdigu pu'ʃtal]
verzender (de)	remetente (m)	[ʀeme'tẽte]
ontvanger (de)	destinatário (m)	[deʃtine'tariu]

| naam (de) | nome (m) | ['nome] |
| achternaam (de) | apelido (m) | [epe'lidu] |

tarief (het)	tarifa (f)	[te'rife]
standaard (bn)	ordinário	[ɔrdi'nariu]
zuinig (bn)	económico	[eku'nɔmiku]

gewicht (het)	peso (m)	['pezu]
afwegen (op de weegschaal)	pesar (vt)	[pe'zar]
envelop (de)	envelope (m)	[ẽve'lɔpe]
postzegel (de)	selo (m)	['selu]
een postzegel plakken op	colar o selo	[ku'lar u 'selu]

Woning. Huis. Thuis

61. Huis. Elektriciteit

elektriciteit (de)	eletricidade (f)	[elɛtrisi'dadə]
lamp (de)	lâmpada (f)	['lãpɐdə]
schakelaar (de)	interruptor (m)	[ĩtəʀup'toɾ]
zekering (de)	fusível (m)	[fu'zivɛl]

draad (de)	fio, cabo (m)	['fiu], ['kabu]
bedrading (de)	instalação (f) elétrica	[ĩʃtɐlɐ'sãu e'lɛtrikɐ]
elektriciteitsmeter (de)	contador (m) de eletricidade	[kõtɐ'doɾ də elɛtrisi'dadə]
gegevens (mv.)	indicação (f), registo (m)	[ĩdikɐ'sãu], [ʀə'ʒiʃtu]

62. Villa. Herenhuis

landhuisje (het)	casa (f) de campo	['kazɐ də 'kãpu]
villa (de)	vila (f)	['vilɐ]
vleugel (de)	ala (f)	['alɐ]

tuin (de)	jardim (m)	[ʒɐɾ'dĩ]
park (het)	parque (m)	['paɾkə]
oranjerie (de)	estufa (f)	[ə'ʃtufɐ]
onderhouden (tuin, enz.)	cuidar de ...	[kuidaɾ də]

zwembad (het)	piscina (f)	[pi'ʃinɐ]
gym (het)	ginásio (m)	[ʒi'naziu]
tennisveld (het)	campo (m) de ténis	['kãpu də 'tɛniʃ]
bioscoopkamer (de)	cinema (m)	[si'nemɐ]
garage (de)	garagem (f)	[gɐ'raʒẽj]

| privé-eigendom (het) | propriedade (f) privada | [pruprie'dadə pri'vadə] |
| eigen terrein (het) | terreno (m) privado | [tə'ʀenu pri'vadu] |

| waarschuwing (de) | advertência (f) | [edvəɾ'tẽsiɐ] |
| waarschuwingsbord (het) | sinal (m) de aviso | [si'nal də ɐ'vizu] |

bewaking (de)	guarda (f)	[gu'ardɐ]
bewaker (de)	guarda (m)	[gu'ardɐ]
inbraakalarm (het)	alarme (m)	[ɐ'larmə]

63. Appartement

appartement (het)	apartamento (m)	[ɐpɐɾtɐ'mẽtu]
kamer (de)	quarto (m)	[ku'artu]
slaapkamer (de)	quarto (m) de dormir	[ku'artu də duɾ'miɾ]

eetkamer (de)	sala (f) de jantar	['salɐ də ʒã'tar]
salon (de)	sala (f) de estar	['salɐ də ə'ʃtar]
studeerkamer (de)	escritório (m)	[əʃkri'tɔriu]

gang (de)	antessala (f)	[ãtə'salɐ]
badkamer (de)	quarto (m) de banho	[ku'artu də 'bɐɲu]
toilet (het)	quarto (m) de banho	[ku'artu də 'bɐɲu]

plafond (het)	teto (m)	['tɛtu]
vloer (de)	chão, soalho (m)	['ʃãu], [su'aʎu]
hoek (de)	canto (m)	['kãtu]

64. Meubels. Interieur

meubels (mv.)	mobiliário (m)	[mubi'ljariu]
tafel (de)	mesa (f)	['mezɐ]
stoel (de)	cadeira (f)	[kɐ'dejrɐ]
bed (het)	cama (f)	['kɐmɐ]

bankstel (het)	divã (m)	[di'vã]
fauteuil (de)	cadeirão (m)	[kɐdej'rãu]

boekenkast (de)	estante (f)	[ə'ʃtãtə]
boekenrek (het)	prateleira (f)	[pretə'lejrɐ]

kledingkast (de)	guarda-vestidos (m)	[gu'ardɐ və'ʃtiduʃ]
kapstok (de)	cabide (m) de parede	[kɐ'bidə də pɐ'redə]
staande kapstok (de)	cabide (m) de pé	[kɐ'bidə də pɛ]

commode (de)	cómoda (f)	['kɔmudə]
salontafeltje (het)	mesinha (f) de centru	[mə'ziɲɐ də 'sẽtru]

spiegel (de)	espelho (m)	[ə'ʃpeʎu]
tapijt (het)	tapete (m)	[tɐ'petə]
tapijtje (het)	tapete (m) pequeno	[tɐ'petə pə'kenu]

haard (de)	lareira (f)	[lɐ'rejrɐ]
kaars (de)	vela (f)	['vɛlɐ]
kandelaar (de)	castiçal (m)	[kəʃti'sal]

gordijnen (mv.)	cortinas (f pl)	[kur'tineʃ]
behang (het)	papel (m) de parede	[pɐ'pɛl də pɐ'redə]
jaloezie (de)	estores (f pl)	[ə'ʃtorəʃ]

bureaulamp (de)	candeeiro (m) de mesa	[kã'djejru də 'mezɐ]
wandlamp (de)	candeeiro (m) de parede	[kã'djejru də pɐ'redə]

staande lamp (de)	candeeiro (m) de pé	[kã'djejru də pɛ]
luchter (de)	lustre (m)	['luʃtrə]

poot (ov. een tafel, enz.)	pé (m)	[pɛ]
armleuning (de)	braço (m)	['brasu]
rugleuning (de)	costas (f pl)	['kɔʃteʃ]
la (de)	gaveta (f)	[gɐ'vetɐ]

65. Beddengoed

beddengoed (het)	roupa (f) de cama	['ʀopɐ də 'kɐmɐ]
kussen (het)	almofada (f)	[almu'fadɐ]
kussenovertrek (de)	fronha (f)	['froɲɐ]
deken (de)	cobertor (m)	[kubɐr'tor]
laken (het)	lençol (m)	[lẽ'sɔl]
sprei (de)	colcha (f)	['kolʃɐ]

66. Keuken

keuken (de)	cozinha (f)	[ku'ziɲɐ]
gas (het)	gás (m)	[gaʃ]
gasfornuis (het)	fogão (m) a gás	[fu'gãu ɐ gaʃ]
elektrisch fornuis (het)	fogão (m) elétrico	[fu'gãu e'lɛtriku]
oven (de)	forno (m)	['fornu]
magnetronoven (de)	forno (m) de micro-ondas	['fornu də mikrɔ'õdɐʃ]

koelkast (de)	frigorífico (m)	[frigu'rifiku]
diepvriezer (de)	congelador (m)	[kõʒɐlɐ'dor]
vaatwasmachine (de)	máquina (f) de lavar louça	['makinɐ də lɐ'var 'losɐ]

vleesmolen (de)	moedor (m) de carne	[muɐ'dor də 'kɐrnɐ]
vruchtenpers (de)	espremedor (m)	[ɐʃprɐmɐ'dor]
toaster (de)	torradeira (f)	[tuʀɐ'dejrɐ]
mixer (de)	batedeira (f)	[bɐtɐ'dejrɐ]

koffiemachine (de)	máquina (f) de café	['makinɐ də kɐ'fɛ]
koffiepot (de)	cafeteira (f)	[kɐfɐ'tejrɐ]
koffiemolen (de)	moinho (m) de café	[mu'iɲu də kɐ'fɛ]

fluitketel (de)	chaleira (f)	[ʃɐ'lejrɐ]
theepot (de)	bule (m)	['bulɐ]
deksel (de/het)	tampa (f)	['tãpɐ]
theezeefje (het)	coador (m) de chá	[kuɐ'dor də 'ʃa]

lepel (de)	colher (f)	[ku'ʎɛr]
theelepeltje (het)	colher (f) de chá	[ku'ʎɛr də ʃa]
eetlepel (de)	colher (f) de sopa	[ku'ʎɛr də 'sopɐ]
vork (de)	garfo (m)	['garfu]
mes (het)	faca (f)	['fakɐ]

vaatwerk (het)	louça (f)	['losɐ]
bord (het)	prato (m)	['pratu]
schoteltje (het)	pires (m)	['pirɐʃ]

likeurglas (het)	cálice (m)	['kalisɐ]
glas (het)	copo (m)	['kɔpu]
kopje (het)	chávena (f)	['ʃavɐnɐ]

suikerpot (de)	açucareiro (m)	[ɐsukɐ'rejru]
zoutvat (het)	saleiro (m)	[sɐ'lejru]
pepervat (het)	pimenteiro (m)	[pimẽ'tejru]

boterschaaltje (het)	manteigueira (f)	[mãtii'gejɾe]
pan (de)	panela, caçarola (f)	[pe'nɛle], [kese'ɾɔle]
bakpan (de)	frigideira (f)	[fɾiʒi'dejɾe]
pollepel (de)	concha (f)	['kõʃe]
vergiet (de/het)	passador (m)	[pese'doɾ]
dienblad (het)	bandeja (f)	[bã'deʒe]

fles (de)	garrafa (f)	[ge'ʀafe]
glazen pot (de)	boião (m) de vidro	[bo'jãu də 'vidɾu]
blik (conserven~)	lata (f)	['late]

flesopener (de)	abre-garrafas (m)	[abɾə ge'ʀafeʃ]
blikopener (de)	abre-latas (m)	[abɾə 'lateʃ]
kurkentrekker (de)	saca-rolhas (m)	['sake 'ʀoʎeʃ]
filter (de/het)	filtro (m)	['filtɾu]
filteren (ww)	filtrar (vt)	[fil'tɾaɾ]

huisvuil (het)	lixo (m)	['liʃu]
vuilnisemmer (de)	balde (m) do lixo	['baldə du 'liʃu]

67. Badkamer

badkamer (de)	quarto (m) de banho	[ku'artu də 'beɲu]
water (het)	água (f)	['ague]
kraan (de)	torneira (f)	[tuɾ'nejɾe]
warm water (het)	água (f) quente	['ague 'kẽtə]
koud water (het)	água (f) fria	['ague 'fɾie]

tandpasta (de)	pasta (f) de dentes	['paʃte də 'dẽtəʃ]
tanden poetsen (ww)	escovar os dentes	[əʃku'vaɾ uʃ 'dẽtəʃ]
tandenborstel (de)	escová (f) de dentes	[ə'ʃkove də 'dẽtəʃ]

zich scheren (ww)	barbear-se (vr)	[beɾ'bjarsə]
scheercrème (de)	espuma (f) de barbear	[ə'ʃpume də beɾ'bjaɾ]
scheermes (het)	máquina (f) de barbear	['makinɐ də beɾbi'aɾ]

wassen (ww)	lavar (vt)	[le'vaɾ]
een bad nemen	lavar-se (vr)	[le'varsə]
douche (de)	duche (m)	['duʃe]
een douche nemen	tomar um duche	[tu'mar ũ 'duʃe]

bad (het)	banheira (f)	[be'ɲejɾe]
toiletpot (de)	sanita (f)	[se'nite]
wastafel (de)	lavatório (m)	[lɐve'tɔɾiu]

zeep (de)	sabonete (m)	[sebu'netə]
zeepbakje (het)	saboneteira (f)	[sebune'tejɾe]

spons (de)	esponja (f)	[ə'ʃpõʒe]
shampoo (de)	champô (m)	[ʃã'po]
handdoek (de)	toalha (f)	[tu'aʎe]
badjas (de)	roupão (m) de banho	[ʀo'pãu də 'beɲu]
was (bijv. handwas)	lavagem (f)	[le'vaʒẽ']
wasmachine (de)	máquina (f) de lavar	['makinɐ də le'vaɾ]

| de was doen | lavar a roupa | [lɐ'var ɐ 'ʀopɐ] |
| waspoeder (de) | detergente (m) | [dətər'ʒẽtə] |

68. Huishoudelijke apparaten

televisie (de)	televisor (m)	[tələvi'zor]
cassettespeler (de)	gravador (m)	[grɐvɐ'dor]
videorecorder (de)	videogravador (m)	[vidiu·grɐvɐ'dor]
radio (de)	rádio (m)	['ʀadiu]
speler (de)	leitor (m)	[ləj'tor]

videoprojector (de)	projetor (m)	[pruʒɛ'tor]
home theater systeem (het)	cinema (m) em casa	[si'neme ẽ 'kazɐ]
DVD-speler (de)	leitor (m) de DVD	[ləj'tor də dɛvɛ'de]
versterker (de)	amplificador (m)	[ãplifikɐ'dor]
spelconsole (de)	console (f) de jogos	[kõ'sɔlə də 'ʒɔguʃ]

videocamera (de)	câmara (f) de vídeo	['kemɐrɐ də 'vidiu]
fotocamera (de)	máquina (f) fotográfica	['makinɐ futu'grafikɐ]
digitale camera (de)	câmara (f) digital	['kemɐrɐ diʒi'tal]

stofzuiger (de)	aspirador (m)	[ɐʃpirɐ'dor]
strijkijzer (het)	ferro (m) de engomar	['fɛru də ẽgu'mar]
strijkplank (de)	tábua (f) de engomar	['tabuɐ də ẽgu'mar]

telefoon (de)	telefone (m)	[tələ'fonə]
mobieltje (het)	telemóvel (m)	[tɛlɛ'mɔvɛl]
schrijfmachine (de)	máquina (f) de escrever	['makinɐ də əʃkrə'ver]
naaimachine (de)	máquina (f) de costura	['makinɐ də ku'ʃturɐ]

microfoon (de)	microfone (m)	[mikrɔ'fonə]
koptelefoon (de)	auscultadores (m pl)	[auʃkulte'dorəʃ]
afstandsbediening (de)	controlo remoto (m)	[kõ'trolu ʀə'mɔtu]

CD (de)	CD (m)	['sɛdɛ]
cassette (de)	cassete (f)	[ka'sɛtə]
vinylplaat (de)	disco (m) de vinil	['diʃku də vi'nil]

MENSELIJKE ACTIVITEITEN

Baan. Business. Deel 1

69. Kantoor. Op kantoor werken

kantoor (het)	escritório (m)	[əʃkri'tɔriu]
kamer (de)	escritório (m)	[əʃkri'tɔriu]
receptie (de)	receção (f)	[ʀɛsɛ'sãu]
secretaris (de)	secretário (m)	[səkrə'tariu]
secretaresse (de)	secretária (f)	[səkrə'tariɐ]
directeur (de)	diretor (m)	[dirɛ'tor]
manager (de)	gerente (m)	[ʒə'rẽtə]
boekhouder (de)	contabilista (m)	[kõtɐbi'liʃtɐ]
werknemer (de)	empregado (m)	[ẽprə'gadu]
meubilair (het)	mobiliário (m)	[mubi'ljariu]
tafel (de)	mesa (f)	['meze]
bureaustoel (de)	cadeira (f)	[kɐ'dejrɐ]
ladeblok (het)	bloco (m) de gavetas	['bloku də gɐ'vetɐʃ]
kapstok (de)	cabide (m) de pé	[kɐ'bidə də pɛ]
computer (de)	computador (m)	[kõputɐ'dor]
printer (de)	impressora (f)	[ĩprɐ'sorɐ]
fax (de)	fax (m)	[faks]
kopieerapparaat (het)	fotocopiadora (f)	[ʃutukupiɐ'dorɐ]
papier (het)	papel (m)	[pɐ'pɛl]
kantoorartikelen (mv.)	artigos (m pl) de escritório	[ɐr'tiguʃ də əʃkri'tɔriu]
muismat (de)	tapete (m) de rato	[tɐ'petɐ də 'ʀatu]
blad (het)	folha (f)	['foʎɐ]
ordner (de)	pasta (f)	['paʃtɐ]
catalogus (de)	catálogo (m)	[kɐ'talugu]
telefoongids (de)	diretório (f) telefónico	[dirɛ'tɔriu tələ'foniku]
documentatie (de)	documentação (f)	[dukumẽtɐ'sãu]
brochure (de)	brochura (f)	[bru'ʃurɐ]
flyer (de)	flyer (m)	['flejər]
monster (het), staal (de)	amostra (f)	[ɐ'moʃtrɐ]
training (de)	formação (f)	[furmɐ'sãu]
vergadering (de)	reunião (f)	[ʀiu'njãu]
lunchpauze (de)	hora (f) de almoço	['ɔrə də al'mosu]
een kopie maken	fazer uma cópia	[fɐ'zer 'umɐ 'kɔpiɐ]
de kopieën maken	tirar cópias	[ti'rar 'kɔpiɐʃ]
een fax ontvangen	receber um fax	[ʀɐsə'ber ũ faks]
een fax versturen	enviar um fax	[ẽ'vjar ũ faks]

opbellen (ww)	fazer uma chamada	[fe'zɛʀ 'umɐ ʃe'madɐ]
antwoorden (ww)	responder (vt)	[ʀɐʃpõ'deʀ]
doorverbinden (ww)	passar (vt)	[pɐ'saʀ]

afspreken (ww)	marcar (vt)	[mɐʀ'kaʀ]
demonstreren (ww)	demonstrar (vt)	[dɐmõ'ʃtʀaʀ]
absent zijn (ww)	estar ausente	[ə'ʃtar au'zẽtə]
afwezigheid (de)	ausência (f)	[au'zẽsiɐ]

70. Bedrijfsprocessen. Deel 1

bedrijf (business)	negócio (m)	[nɐ'gɔsiu]
zaak (de), beroep (het)	ocupação (f)	[ɔkupɐ'sãu]
firma (de)	firma, empresa (f)	['firmɐ], [ẽp'ʀezɐ]
bedrijf (maatschap)	companhia (f)	[kõpɐ'ɲiɐ]
corporatie (de)	corporação (f)	[kurpuʀɐ'sãu]
onderneming (de)	empresa (f)	[ẽ'pʀezɐ]
agentschap (het)	agência (f)	[ɐ'ʒẽsiɐ]

overeenkomst (de)	acordo (m)	[ɐ'kordu]
contract (het)	contrato (m)	[kõ'tratu]
transactie (de)	acordo (m)	[ɐ'kordu]
bestelling (de)	encomenda (f)	[ẽku'mẽdɐ]
voorwaarde (de)	cláusulas (f pl), termos (m pl)	['klawzuleʃ], ['termuʃ]

in het groot (bw)	por grosso	[pur 'grosu]
groothandels- (abn)	por grosso	[pur 'grosu]
groothandel (de)	venda (f) por grosso	['vẽdɐ pur 'grosu]
kleinhandels- (abn)	a retalho	[ɐ ʀɐ'taʎu]
kleinhandel (de)	venda (f) a retalho	['vẽdɐ ɐ ʀɐ'taʎu]

concurrent (de)	concorrente (m)	[kõku'ʀẽtə]
concurrentie (de)	concorrência (f)	[kõku'ʀẽsiɐ]
concurreren (ww)	competir (vi)	[kõpɐ'tir]

| partner (de) | sócio (m) | ['sɔsiu] |
| partnerschap (het) | parceria (f) | [pɐrsɐ'riɐ] |

crisis (de)	crise (f)	['krizə]
bankroet (het)	bancarrota (f)	[bãkɐ'ʀotɐ]
bankroet gaan (ww)	entrar em falência	[ẽ'trar ẽ fɐ'lẽsiɐ]
moeilijkheid (de)	dificuldade (f)	[difikul'dadɐ]
probleem (het)	problema (m)	[prub'lemɐ]
catastrofe (de)	catástrofe (f)	[kɐ'taʃtrufə]

economie (de)	economia (f)	[ekɔnu'miɐ]
economisch (bn)	económico	[eku'nɔmiku]
economische recessie (de)	recessão (f) económica	[ʀɐsɐ'sãu eku'nɔmikɐ]

| doel (het) | objetivo (m) | [ɔbʒɛ'tivu] |
| taak (de) | tarefa (f) | [tɐ'rɛfɐ] |

| handelen (handel drijven) | comerciar (vi, vt) | [kumɐr'sjar] |
| netwerk (het) | rede (f), cadeia (f) | ['ʀedə], [kɐ'dɐjɐ] |

voorraad (de)	estoque (m)	[ə'ʃtɔkə]
assortiment (het)	sortimento (m)	[surti'mẽtu]
leider (de)	líder (m)	['lidɛɾ]
groot (bn)	grande	['grãdə]
monopolie (het)	monopólio (m)	[munu'pɔliu]
theorie (de)	teoria (f)	[tiu'riə]
praktijk (de)	prática (f)	['pratikə]
ervaring (de)	experiência (f)	[əʃpə'rjẽsiə]
tendentie (de)	tendência (f)	[tẽ'dẽsiə]
ontwikkeling (de)	desenvolvimento (m)	[dəzẽvɔlvi'mẽtu]

71. Bedrijfsprocessen. Deel 2

voordeel (het)	rentabilidade (f)	[Rẽtəbili'dadə]
voordelig (bn)	rentável	[Rẽ'tavɛl]
delegatie (de)	delegação (f)	[dələgə'sãu]
salaris (het)	salário, ordenado (m)	[sɐ'lariu], [ɔrdə'nadu]
corrigeren (fouten ~)	corrigir (vt)	[kuRi'ʒir]
zakenreis (de)	viagem (f) de negócios	['vjaʒẽ⁾ də nə'gɔsiuʃ]
commissie (de)	comissão (f)	[kumi'sãu]
controleren (ww)	controlar (vt)	[kõtru'lar]
conferentie (de)	conferência (f)	[kõfə'rẽsiə]
licentie (de)	licença (f)	[li'sẽsɐ]
betrouwbaar (partner, enz.)	confiável	[kõ'fjavɛl]
aanzet (de)	empreendimento (m)	[ẽpriẽdi'mẽtu]
norm (bijv. ~ stellen)	norma (f)	['nɔrmɐ]
omstandigheid (de)	circunstância (f)	[sirkũ'ʃtãsiə]
taak, plicht (de)	dever (m)	[də'ver]
organisatie (bedrijf, zaak)	empresa (f)	[ẽ'prezə]
organisatie (proces)	organização (f)	[ɔrgɐnize'sãu]
georganiseerd (bn)	organizado	[ɔrgɐni'zadu]
afzegging (de)	anulação (f)	[ɐnulɐ'sãu]
afzeggen (ww)	anular, cancelar (vt)	[ɐnu'lar], [kãsə'lar]
verslag (het)	relatório (m)	[Rələ'tɔriu]
patent (het)	patente (f)	[pɐ'tẽtə]
patenteren (ww)	patentear (vt)	[pɐtẽ'tjar]
plannen (ww)	planear (vt)	[plɐ'njar]
premie (de)	prémio (m)	['prɛmiu]
professioneel (bn)	profissional	[prufisiu'nal]
procedure (de)	procedimento (m)	[prusədi'mẽtu]
onderzoeken (contract, enz.)	examinar (vt)	[ezɐmi'nar]
berekening (de)	cálculo (m)	['kalkulu]
reputatie (de)	reputação (f)	[Rəputɐ'sãu]
risico (het)	risco (m)	['Riʃku]
beheren (managen)	dirigir (vt)	[diri'ʒir]

informatie (de)	informação (f)	[ĩfurmɐ'sãu]
eigendom (bezit)	propriedade (f)	[pruprie'dadǝ]
unie (de)	união (f)	[u'njãu]

levensverzekering (de)	seguro (m) de vida	[sǝ'guru dǝ 'vidɐ]
verzekeren (ww)	fazer um seguro	[fɛ'zer ũ sǝ'guru]
verzekering (de)	seguro (m)	[sǝ'guru]

veiling (de)	leilão (m)	[lɐj'lãu]
verwittigen (ww)	notificar (vt)	[nutifi'kar]
beheer (het)	gestão (f)	[ʒɐ'ʃtãu]
dienst (de)	serviço (m)	[sǝr'visu]

forum (het)	fórum (m)	['fɔrũ]
functioneren (ww)	funcionar (vi)	[fũsiu'nar]
stap, etappe (de)	estágio (m)	[ǝ'ʃtaʒiu]
juridisch (bn)	jurídico	[ʒu'ridiku]
jurist (de)	jurista (m)	[ʒu'riʃtɐ]

72. Productie. Werken

industriële installatie (fabriek)	usina (f)	[u'zina]
fabriek (de)	fábrica (f)	['fabrikɐ]
werkplaatsruimte (de)	oficina (f)	[ɔfi'sinɐ]
productielocatie (de)	local (m) de produção	[lu'kal dǝ prudu'sãu]

industrie (de)	indústria (f)	[ĩ'duʃtriɐ]
industrieel (bn)	industrial	[ĩduʃtri'al]
zware industrie (de)	indústria (f) pesada	[ĩ'duʃtriɐ pǝ'zadɐ]
lichte industrie (de)	indústria (f) ligeira	[ĩ'duʃtriɐ li'ʒɐjrɐ]

productie (de)	produção (f)	[prudu'sãu]
produceren (ww)	produzir (vt)	[prudu'zir]
grondstof (de)	matérias-primas (f pl)	[mɐ'tɛriɐʃ 'primɐʃ]

voorman, ploegbaas (de)	chefe (m) de brigada	['ʃɛfɐ dǝ bri'gadɐ]
ploeg (de)	brigada (f)	[bri'gadɐ]
arbeider (de)	operário (m)	[ɔpǝ'rariu]

werkdag (de)	dia (m) de trabalho	['diɐ dǝ trɐ'baʎu]
pauze (de)	pausa (f)	['pauzɐ]
samenkomst (de)	reunião (f)	[ʀiu'njãu]
bespreken (spreken over)	discutir (vt)	[diʃku'tir]

plan (het)	plano (m)	['plɐnu]
het plan uitvoeren	cumprir o plano	[kũ'prir u 'plɐnu]
productienorm (de)	taxa (f) de produção	['taʃɐ dǝ prudu'sãu]
kwaliteit (de)	qualidade (f)	[kuɐli'dadɐ]
controle (de)	controlo (m)	[kõ'trolu]
kwaliteitscontrole (de)	controlo (m) da qualidade	[kõ'trolu dɐ kuɐli'dadɐ]

arbeidsveiligheid (de)	segurança (f) no trabalho	[sǝgu'rãsɐ nu trɐ'baʎu]
discipline (de)	disciplina (f)	[diʃsi'plinɐ]
overtreding (de)	infração (f)	[ĩfra'sãu]

overtreden (ww)	violar (vt)	[viu'lar]
staking (de)	greve (f)	['grɛvə]
staker (de)	grevista (m)	[grɛ'viʃtɐ]
staken (ww)	estar em greve	[ə'ʃtar ẽ 'grɛvə]
vakbond (de)	sindicato (m)	[sĩdi'katu]

uitvinden (machine, enz.)	inventar (vt)	[ĩvẽ'tar]
uitvinding (de)	invenção (f)	[ĩvẽ'sãu]
onderzoek (het)	pesquisa (f)	[pə'ʃkizɐ]
verbeteren (beter maken)	melhorar (vt)	[məʎu'rar]
technologie (de)	tecnologia (f)	[tɛknulu'ʒiɐ]
technische tekening (de)	desenho (m) técnico	[də'zɐɲu 'tɛkniku]

vracht (de)	carga (f)	['kargɐ]
lader (de)	carregador (m)	[kɐrɐgɐ'dor]
laden (vrachtwagen)	carregar (vt)	[kɐrɐ'gar]
laden (het)	carregamento (m)	[kɐrɐgɐ'mẽtu]
lossen (ww)	descarregar (vt)	[dɐʃkɐrɐ'gar]
lossen (het)	descarga (f)	[də'ʃkargɐ]

transport (het)	transporte (m)	[trã'ʃpɔrtə]
transportbedrijf (de)	companhia (f) de transporte	[kõpɐ'ɲiɐ də trã'ʃpɔrtə]
transporteren (ww)	transportar (vt)	[trãʃpur'tar]

goederenwagon (de)	vagão (m) de carga	[vɐ'gãu də 'kargɐ]
tank (bijv. ketelwagen)	cisterna (f)	[si'ʃtɛrnɐ]
vrachtwagen (de)	camião (m)	[ka'mjãu]

| machine (de) | máquina-ferramenta (f) | ['makinɐ fɐrɐ'mẽtɐ] |
| mechanisme (het) | mecanismo (m) | [mɐkɐ'niʒmu] |

industrieel afval (het)	resíduos (m pl) industriais	[rɐ'ziduuʃ ĩdu'ʃtrjaiʃ]
verpakking (de)	embalagem (f)	[ẽbɐ'laʒẽi]
verpakken (ww)	embalar (vt)	[ẽbɐ'lar]

73. Contract. Overeenstemming

contract (het)	contrato (m)	[kõ'tratu]
overeenkomst (de)	acordo (m)	[ɐ'kordu]
bijlage (de)	adenda (f), anexo (m)	[ɐ'dẽdɐ], [ɐ'nɛksu]

een contract sluiten	assinar o contrato	[ɐsi'nar u kõ'tratu]
handtekening (de)	assinatura (f)	[ɐsinɐ'turɐ]
ondertekenen (ww)	assinar (vt)	[ɐsi'nar]
stempel (de)	carimbo (m)	[kɐ'rĩbu]

voorwerp (het) van de overeenkomst	objeto (m) do contrato	[ɔb'ʒɛtu du kõ'tratu]
clausule (de)	cláusula (f)	['klauzulɐ]
partijen (mv.)	partes (f pl)	['partəʃ]

| vestigingsadres (het) | morada (f) jurídica | [mu'radɐ ʒu'ridikɐ] |
| het contract verbreken (overtreden) | violar o contrato | [viu'lar u kõ'tratu] |

verplichting (de)	obrigação (f)	[ɔbriɡe'sãu]
verantwoordelijkheid (de)	responsabilidade (f)	[ʀeʃpõsebili'dade]
overmacht (de)	força (f) maior	['forse me'jɔr]
geschil (het)	litígio (m), disputa (f)	[li'tiʒiu], [di'ʃpute]
sancties (mv.)	multas (f pl)	['multeʃ]

74. Import & Export

import (de)	importação (f)	[ĩpurte'sãu]
importeur (de)	importador (m)	[ĩpurte'dor]
importeren (ww)	importar (vt)	[ĩpur'tar]
import- (abn)	de importação	[de ĩpurte'sãu]

uitvoer (export)	exportação (f)	[eʃpurte'sãu]
exporteur (de)	exportador (m)	[eʃpurte'dor]
exporteren (ww)	exportar (vt)	[eʃpur'tar]
uitvoer- (bijv., ~goederen)	de exportação	[de eʃpurte'sãu]

| goederen (mv.) | mercadoria (f) | [merkedu'rie] |
| partij (de) | lote (m) | ['lɔte] |

gewicht (het)	peso (m)	['pezu]
volume (het)	volume (m)	[vu'lume]
kubieke meter (de)	metro (m) cúbico	['mɛtru 'kubiku]

producent (de)	produtor (m)	[prudu'tor]
transportbedrijf (de)	companhia (f) de transporte	[kõpe'ɲie de trã'ʃpɔrte]
container (de)	contentor (m)	[kõtẽ'tor]

grens (de)	fronteira (f)	[frõ'tejre]
douane (de)	alfândega (f)	[al'fãdege]
douanerecht (het)	taxa (f) alfandegária	['taʃe alfãde'garie]
douanier (de)	funcionário (m) da alfândega	[fũsiu'nariu de al'fãdege]
smokkelen (het)	contrabando (m)	[kõtre'bãdu]
smokkelwaar (de)	contrabando (m)	[kõtre'bãdu]

75. Financiën

aandeel (het)	ação (f)	[a'sãu]
obligatie (de)	obrigação (f)	[ɔbriɡe'sãu]
wissel (de)	nota (f) promissória	['nɔte prumi'sɔrie]

| beurs (de) | bolsa (f) | ['bolse] |
| aandelenkoers (de) | cotação (m) das ações | [kute'sãu deʃ a'sɔiʃ] |

| dalen (ww) | tornar-se mais barato | [tur'narse 'maiʃ be'ratu] |
| stijgen (ww) | tornar-se mais caro | [tur'narse 'maiʃ 'karu] |

deel (het)	parte (f)	['parte]
meerderheidsbelang (het)	participação (f) maioritária	[pertisipe'sãu mejuri'tarie]
investeringen (mv.)	investimento (m)	[ĩveʃti'mẽtu]
investeren (ww)	investir (vt)	[ĩve'ʃtir]

procent (het)	percentagem (f)	[pərsĕ'taʒĕ¹]
rente (de)	juros (m pl)	['ʒuruʃ]
winst (de)	lucro (m)	['lukru]
winstgevend (bn)	lucrativo	[lukrɐ'tivu]
belasting (de)	imposto (m)	[ĩ'poʃtu]
valuta (vreemde ~)	divisa (f)	[di'vizɐ]
nationaal (bn)	nacional	[nɐsiu'nal]
ruil (de)	câmbio (m)	['kãbiu]
boekhouder (de)	contabilista (m)	[kõtebi'liʃte]
boekhouding (de)	contabilidade (f)	[kõtebili'dadə]
bankroet (het)	bancarrota (f)	[bãkɐ'ʀotɐ]
ondergang (de)	falência (f)	[fɐ'lẽsiɐ]
faillissement (het)	ruína (f)	[ʀu'inɐ]
geruïneerd zijn (ww)	arruinar-se (vr)	[ɐʀui'narsə]
inflatie (de)	inflação (f)	[ĩfla'sãu]
devaluatie (de)	desvalorização (f)	[dəʒvɐlurize'sãu]
kapitaal (het)	capital (m)	[kɐpi'tal]
inkomen (het)	rendimento (m)	[ʀẽdi'mẽtu]
omzet (de)	volume (m) de negócios	[vu'lumə də nɐ'gɔsiuʃ]
middelen (mv.)	recursos (m pl)	[ʀɐ'kursuʃ]
financiële middelen (mv.)	recursos (m pl) financeiros	[ʀɐ'kursuʃ finã'sejruʃ]
operationele kosten (mv.)	despesas (f pl) gerais	[də'ʃpezeʃ ʒɐ'raiʃ]
reduceren (kosten ~)	reduzir (vt)	[ʀɐdu'zir]

76. Marketing

marketing (de)	marketing (m)	['markɐtiɳ]
markt (de)	mercado (m)	[mɐr'kadu]
marktsegment (het)	segmento (m) do mercado	[sɛg'mẽtu du mɐr'kadu]
product (het)	produto (m)	[pru'dutu]
goederen (mv.)	mercadoria (f)	[mɐrkɐdu'riɐ]
merk (het)	marca (f)	['markɐ]
handelsmerk (het)	marca (f) comercial	['markɐ kumɐr'sjal]
beeldmerk (het)	logotipo (m)	[lɔgɔ'tipu]
logo (het)	logo (m)	['lɔgu]
vraag (de)	demanda (f)	[dɐ'mãdɐ]
aanbod (het)	oferta (f)	[ɔ'fɛrtɐ]
behoefte (de)	necessidade (f)	[nɐsɐsi'dadə]
consument (de)	consumidor (m)	[kõsumi'dor]
analyse (de)	análise (f)	[ɐ'nalizɐ]
analyseren (ww)	analisar (vt)	[ɐnɐli'zar]
positionering (de)	posicionamento (m)	[puzisiunɐ'mẽtu]
positioneren (ww)	posicionar (vt)	[puzisiu'nar]
prijs (de)	preço (m)	['presu]
prijspolitiek (de)	política (f) de preços	[pu'litikɐ də 'presuʃ]
prijsvorming (de)	formação (f) de preços	[furmɐ'sãu də 'presuʃ]

77. Reclame

reclame (de)	publicidade (f)	[publisi'dadə]
adverteren (ww)	publicitar (vt)	[publisi'tar]
budget (het)	orçamento (m)	[ɔrsɐ'mẽtu]

advertentie, reclame (de)	anúncio (m) publicitário	[ɐ'nũsiu publisi'tariu]
TV-reclame (de)	publicidade (f) televisiva	[publisi'dadə tələvi'zivə]
radioreclame (de)	publicidade (f) na rádio	[publisi'dadə nɐ 'ʀadiu]
buitenreclame (de)	publicidade (f) exterior	[publisi'dadə əʃtə'rjor]

massamedia (de)	comunicação (f) de massa	[kumunikɐ'sãu də 'masə]
periodiek (de)	periódico (m)	[pə'rjɔdiku]
imago (het)	imagem (f)	[i'maʒẽ']

slagzin (de)	slogan (m)	['slogən]
motto (het)	mote (m), divisa (f)	['mɔtə], [di'vizə]

campagne (de)	campanha (f)	[kã'pɐɲɐ]
reclamecampagne (de)	campanha (f) publicitária	[kã'pɐɲɐ publisi'tariə]
doelpubliek (het)	grupo (m) alvo	['grupu 'alvu]

visitekaartje (het)	cartão (m) de visita	[kɐr'tãu də vi'zitə]
flyer (de)	flyer (m)	['flɛjər]
brochure (de)	brochura (f)	[bru'ʃurɐ]
folder (de)	folheto (m)	[fu'ʎetu]
nieuwsbrief (de)	boletim (m)	[bulə'tĩ]

gevelreclame (de)	letreiro (m)	[lə'trejru]
poster (de)	cartaz, póster (m)	[kɛr'taʃ], ['pɔʃtɛr]
aanplakbord (het)	painel (m) publicitário	[paj'nɛl publisi'tariu]

78. Bankieren

bank (de)	banco (m)	['bãku]
bankfiliaal (het)	sucursal, balcão (f)	[sukur'sal], [ba'lkãu]

bankbediende (de)	consultor (m)	[kõsul'tor]
manager (de)	gerente (m)	[ʒə'rẽtə]

bankrekening (de)	conta (f)	['kõtə]
rekeningnummer (het)	número (m) da conta	['numəru də 'kõtə]
lopende rekening (de)	conta (f) corrente	['kõtə ku'ʀẽtə]
spaarrekening (de)	conta (f) poupança	['kõtə po'pãsə]

een rekening openen	abrir uma conta	[ɐ'brir 'umə 'kõtə]
de rekening sluiten	fechar uma conta	[fə'ʃar 'umə 'kõtə]
op rekening storten	depositar na conta	[dəpuzi'tar nɐ 'kõtə]
opnemen (ww)	levantar (vt)	[ləvã'tar]

storting (de)	depósito (m)	[də'pɔzitu]
een storting maken	fazer um depósito	[fɐ'zer ũ də'pɔzitu]

overschrijving (de)	transferência (f) bancária	[trãʃfə'rẽsiɐ bã'kariɐ]
een overschrijving maken	transferir (vt)	[trãʃfə'rir]

som (de)	soma (f)	['somɐ]
Hoeveel?	Quanto?	[ku'ãtu]

handtekening (de)	assinatura (f)	[ɐsinɐ'turɐ]
ondertekenen (ww)	assinar (vt)	[ɐsi'nar]

kredietkaart (de)	cartão (m) de crédito	[kɐr'tãu də 'krɛditu]
code (de)	código (m)	['kɔdigu]
kredietkaartnummer (het)	número (m) do cartão de crédito	['numɐru du kɐr'tãu də 'krɛditu]
geldautomaat (de)	Caixa Multibanco (m)	['kaiʃɐ multi'bãku]

cheque (de)	cheque (m)	['ʃɛkə]
een cheque uitschrijven	passar um cheque	[pɐ'sar ũ 'ʃɛkə]
chequeboekje (het)	livro (m) de cheques	['livru də 'ʃɛkəʃ]

lening, krediet (de)	empréstimo (m)	[ẽ'prɛʃtimu]
een lening aanvragen	pedir um empréstimo	[pə'dir un ẽ'prɛʃtimu]
een lening nemen	obter um empréstimo	[ɔb'ter un ẽp'rɛʃtimu]
een lening verlenen	conceder um empréstimo	[kõsə'der un ẽp'rɛʃtimu]
garantie (de)	garantia (f)	[gɐrã'tiɐ]

79. Telefoon. Telefoongesprek

telefoon (de)	telefone (m)	[tələ'fonə]
mobieltje (het)	telemóvel (m)	[tɛlɛ'mɔvɛl]
antwoordapparaat (het)	secretária (f) eletrónica	[səkrə'tariɐ elɛ'trɔnikɐ]

bellen (ww)	fazer uma chamada	[fɐ'zer 'umɐ ʃɐ'madɐ]
belletje (telefoontje)	chamada (f)	[ʃɐ'madɐ]

een nummer draaien	marcar um número	[mɐr'kar ũ 'numɐru]
Hallo!	Alô!	[ɐ'lo]
vragen (ww)	perguntar (vt)	[pərgũ'tar]
antwoorden (ww)	responder (vt)	[Rəʃpõ'der]

horen (ww)	ouvir (vt)	[o'vir]
goed (bw)	bem	[bẽi]
slecht (bw)	mal	[mal]
storingen (mv.)	ruído (m)	[Ru'idu]

hoorn (de)	auscultador (m)	[auʃkultɐ'dor]
opnemen (ww)	pegar o telefone	[pə'gar u tələ'fonə]
ophangen (ww)	desligar (vi)	[dəʒli'gar]

bezet (bn)	ocupado	[ɔku'padu]
overgaan (ww)	tocar (vi)	[tu'kar]
telefoonboek (het)	lista (f) telefónica	['liʃtɐ tələ'fonikɐ]

lokaal (bn)	local	[lu'kal]
lokaal gesprek (het)	chamada (f) local	[ʃɐ'madɐ lu'kal]

interlokaal (bn)	de longa distância	[də 'lõgɐ di'ʃtãsiɐ]
interlokaal gesprek (het)	chamada (f) de longa distância	[ʃa'mada də 'lõgɐ di'ʃtãsiɐ]
buitenlands (bn)	internacional	[ĩtɐrnɐsiu'nal]

80. Mobiele telefoon

mobieltje (het)	telemóvel (m)	[tɛlɛ'mɔvɛl]
scherm (het)	ecrã (m)	[ɛ'krã]
toets, knop (de)	botão (m)	[bu'tãu]
simkaart (de)	cartão SIM (m)	[kɐr'tãu sim]

batterij (de)	bateria (f)	[bɐtɐ'riɐ]
leeg zijn (ww)	descarregar-se	[dəʃkɐʀɐ'garsə]
acculader (de)	carregador (m)	[kɐʀɐgɐ'dor]

menu (het)	menu (m)	[mɛ'nu]
instellingen (mv.)	definições (f pl)	[dəfini'sõiʃ]
melodie (beltoon)	melodia (f)	[məlu'diɐ]
selecteren (ww)	escolher (vt)	[əʃku'ʎer]

rekenmachine (de)	calculadora (f)	[kalkulɐ'dorɐ]
voicemail (de)	correio (m) de voz	[ku'ʀɐju də vɔʃ]
wekker (de)	despertador (m)	[dəʃpɐrtɐ'dor]
contacten (mv.)	contatos (m pl)	[kõ'tatuʃ]

SMS-bericht (het)	mensagem (f) de texto	[mẽ'saʒẽi də 'tɛʃtu]
abonnee (de)	assinante (m)	[ɐsi'nãtə]

81. Schrijfbehoeften

balpen (de)	caneta (f)	[kɐ'netɐ]
vulpen (de)	caneta (f) tinteiro	[kɐ'netɐ ti'tɐjru]

potlood (het)	lápis (m)	['lapiʃ]
marker (de)	marcador (m)	[mɐrkɐ'dor]
viltstift (de)	caneta (f) de feltro	[kɐ'netɐ də 'feltru]

notitieboekje (het)	bloco (m) de notas	['bloku də 'notɐʃ]
agenda (boekje)	agenda (f)	[ɐ'ʒẽdɐ]

liniaal (de/het)	régua (f)	['ʀɛguɐ]
rekenmachine (de)	calculadora (f)	[kalkulɐ'dorɐ]
gom (de)	borracha (f)	[bu'ʀaʃɐ]

punaise (de)	pionés (m)	[piu'nɛʃ]
paperclip (de)	clipe (m)	['klipə]

lijm (de)	cola (f)	['kɔlɐ]
nietmachine (de)	agrafador (m)	[ɐgrɐfɐ'dor]
perforator (de)	furador (m)	[furɐ'dor]
potloodslijper (de)	afia-lápis (m)	[ɐ'fiɐ 'lapiʃ]

82. Soorten bedrijven

boekhouddiensten (mv.)	serviços (m pl) de contabilidade	[sər'visuʃ də kõtebili'dadə]
reclame (de)	publicidade (f)	[publisi'dadə]
reclamebureau (het)	agência (f) de publicidade	[e'ʒēsie də publisi'dadə]
airconditioning (de)	ar (m) condicionado	[ar kõdisiu'nadu]
luchtvaartmaatschappij (de)	companhia (f) aérea	[kõpe'ɲie e'ɛrie]
alcoholische dranken (mv.)	bebidas (f pl) alcoólicas	[bə'bideʃ alku'ɔlikeʃ]
antiek (het)	comércio (m) de antiguidades	[ku'mɛrsiu də ãtigui'dadeʃ]
kunstgalerie (de)	galeria (f) de arte	[gele'rie də 'artə]
audit diensten (mv.)	serviços (m pl) de auditoria	[sər'visuʃ də auditu'rie]
banken (mv.)	negócios (m pl) bancários	[ne'gɔsiuʃ bã'kariuʃ]
bar (de)	bar (m)	[bar]
schoonheidssalon (de/het)	salão (m) de beleza	[se'lãu də bə'lezə]
boekhandel (de)	livraria (f)	[livre'rie]
bierbrouwerij (de)	cervejaria (f)	[sərveʒe'rie]
zakencentrum (het)	centro (m) de escritórios	['sētru də eʃkri'tɔriuʃ]
business school (de)	escola (f) de negócios	[e'ʃkɔle də ne'gɔsiuʃ]
casino (het)	casino (m)	[ke'zinu]
bouwbedrijven (mv.)	construção (f)	[kõʃtru'sãu]
adviesbureau (het)	serviços (m pl) de consultoria	[sər'visuʃ də kõsultu'rie]
tandheelkunde (de)	estomatologia (f)	[eʃtumetulu'ʒie]
design (het)	design (m)	[di'zajn]
apotheek (de)	farmácia (f)	[fer'masie]
stomerij (de)	lavandaria (f)	[levãde'rie]
uitzendbureau (het)	agência (f) de emprego	[e'ʒēsie də õ'progu]
financiële diensten (mv.)	serviços (m pl) financeiros	[sər'visuʃ finã'sejruʃ]
voedingswaren (mv.)	alimentos (m pl)	[eli'mētuʃ]
uitvaartcentrum (het)	agência (f) funerária	[e'ʒēsie fune'rarie]
meubilair (het)	mobiliário (m)	[mubi'ljariu]
kleding (de)	roupa (f)	['ʀopə]
hotel (het)	hotel (m)	[ɔ'tɛl]
ijsje (het)	gelado (m)	[ʒe'ladu]
industrie (de)	indústria (f)	[ĩ'duʃtrie]
verzekering (de)	seguro (m)	[se'guru]
Internet (het)	internet (f)	[ĩtɛr'nɛtə]
investeringen (mv.)	investimento (m)	[ĩveʃti'mētu]
juwelier (de)	joalheiro (m)	[ʒue'ʎejru]
juwelen (mv.)	joias (f pl)	['ʒɔjeʃ]
wasserette (de)	lavandaria (f)	[levãde'rie]
juridische diensten (mv.)	serviços (m pl) jurídicos	[sər'visuʃ ʒu'ridikuʃ]
lichte industrie (de)	indústria (f) ligeira	[ĩ'duʃtrie li'ʒejre]
tijdschrift (het)	revista (f)	[ʀe'viʃtə]
postorderbedrijven (mv.)	vendas (f pl) por catálogo	['vēdeʃ pur ke'talugu]

77

medicijnen (mv.)	medicina (f)	[mɐdi'sinɐ]
bioscoop (de)	cinema (m)	[si'nemɐ]
museum (het)	museu (m)	[mu'zeu]
persbureau (het)	agência (f) de notícias	[ɐ'ʒẽsiɐ dɐ nu'tisieʃ]
krant (de)	jornal (m)	[ʒur'nal]
nachtclub (de)	clube (m) noturno	['klubɐ nɔ'turnu]
olie (aardolie)	petróleo (m)	[pɐ'trɔliu]
koerierdienst (de)	serviço (m) de encomendas	[sɐr'visu dɐ ẽku'mẽdɐʃ]
farmacie (de)	indústria (f) farmacêutica	[ĩ'duʃtriɐ fɐrmɐ'seutikɐ]
drukkerij (de)	poligrafia (f)	[poligrɐ'fiɐ]
uitgeverij (de)	editora (f)	[edi'torɐ]
radio (de)	rádio (m)	['ʀadiu]
vastgoed (het)	imobiliário (m)	[imubi'ljariu]
restaurant (het)	restaurante (m)	[ʀɐʃtau'rãtɐ]
bewakingsfirma (de)	empresa (f) de segurança	[ẽ'prezɐ dɐ sɐgu'rãsɐ]
sport (de)	desporto (m)	[dɐ'ʃportu]
handelsbeurs (de)	bolsa (f)	['bolsɐ]
winkel (de)	loja (f)	['lɔʒɐ]
supermarkt (de)	supermercado (m)	[supɛrmɐr'kadu]
zwembad (het)	piscina (f)	[pi'ʃinɐ]
naaiatelier (het)	alfaiataria (f)	[alfɐjɐtɐ'riɐ]
televisie (de)	televisão (f)	[tɐlɐvi'zãu]
theater (het)	teatro (m)	[tɐ'atru]
handel (de)	comércio (m)	[ku'mɛrsiu]
transport (het)	serviços (m pl) de transporte	[sɐr'visuʃ dɐ trã'ʃportɐ]
toerisme (het)	viagens (f pl)	[vi'aʒɐɪʃ]
dierenarts (de)	veterinário (m)	[vɐtɐri'nariu]
magazijn (het)	armazém (m)	[ɐrmɐ'zẽɪ]
afvalinzameling (de)	recolha (f) do lixo	[ʀɐ'koʎɐ du 'liʃu]

Baan. Business. Deel 2

83. Show. Tentoonstelling

beurs (de)	feira (f)	['fejɾɐ]
vakbeurs, handelsbeurs (de)	feira (f) comercial	['fejɾɐ kumər'sjal]
deelneming (de)	participação (f)	[pɐɾtisipɐ'sãu]
deelnemen (ww)	participar (vi)	[pɐɾtisi'paɾ]
deelnemer (de)	participante (m)	[pɐɾtisi'pãtə]
directeur (de)	diretor (m)	[dirɛ'toɾ]
organisatiecomité (het)	direção (f)	[dirɛ'sãu]
organisator (de)	organizador (m)	[ɔɾgɐnize'doɾ]
organiseren (ww)	organizar (vt)	[ɔɾgɐni'zaɾ]
deelnemingsaanvraag (de)	ficha (f) de inscrição	['fiʃɐ də ĩkri'sãu]
invullen (een formulier ~)	preencher (vt)	[priẽ'ʃeɾ]
details (mv.)	detalhes (m pl)	[də'taʎəʃ]
informatie (de)	informação (f)	[ĩfuɾme'sãu]
prijs (de)	preço (m)	['presu]
inclusief (bijv. ~ BTW)	incluindo	[ĩklu'ĩdu]
inbegrepen (alles ~)	incluir (vt)	[ĩklu'iɾ]
betalen (ww)	pagar (vt)	[pe'gaɾ]
registratietarief (het)	taxa (f) de inscrição	['taʃe də ĩkri'sãu]
ingang (de)	entrada (f)	[ẽ'tɾadɐ]
paviljoen (het), hal (de)	pavilhão (m)	[pɐvi'ʎãu]
registreren (ww)	inscrever (vt)	[ĩkrə'veɾ]
badge, kaart (de)	crachá (m)	[kre'ʃa]
beursstand (de)	stand (m)	[stɛnd]
reserveren (een stand ~)	reservar (vt)	[ʀəzəɾ'vaɾ]
vitrine (de)	vitrina (f)	[vi'trinɐ]
licht (het)	foco, spot (m)	['fɔku], ['spɔtə]
design (het)	design (m)	[di'zajn]
plaatsen (ww)	pôr, colocar (vt)	[poɾ], [kulu'kaɾ]
distributeur (de)	distribuidor (m)	[diʃtribui'doɾ]
leverancier (de)	fornecedor (m)	[furnəsə'doɾ]
leveren (ww)	fornecer (vt)	[furnə'seɾ]
land (het)	país (m)	[pe'iʃ]
buitenlands (bn)	estrangeiro	[əʃtrã'ʒejru]
product (het)	produto (m)	[pru'dutu]
associatie (de)	associação (f)	[esusie'sãu]
conferentiezaal (de)	sala (f) de conferências	['sale də kõfə'ɾẽsieʃ]

| congres (het) | congresso (m) | [kõ'grɛsu] |
| wedstrijd (de) | concurso (m) | [kõ'kursu] |

bezoeker (de)	visitante (m)	[vizi'tãtə]
bezoeken (ww)	visitar (vt)	[vizi'tar]
afnemer (de)	cliente (m)	[kli'ẽtə]

84. Wetenschap. Onderzoek. Wetenschappers

wetenschap (de)	ciência (f)	['sjẽsiə]
wetenschappelijk (bn)	científico	[siẽ'tifiku]
wetenschapper (de)	cientista (m)	[siẽ'tiʃtə]
theorie (de)	teoria (f)	[tiu'riə]

axioma (het)	axioma (m)	[ɐk'sjomɐ]
analyse (de)	análise (f)	[ɐ'nalizə]
analyseren (ww)	analisar (vt)	[ɐnɐli'zar]
argument (het)	argumento (m)	[ɐrgu'mẽtu]
substantie (de)	substância (f)	[sub'ʃtãsiə]

hypothese (de)	hipótese (f)	[i'pɔtəzə]
dilemma (het)	dilema (m)	[di'lemɐ]
dissertatie (de)	tese (f)	['tɛzə]
dogma (het)	dogma (m)	['dɔgmɐ]

doctrine (de)	doutrina (f)	[do'trinɐ]
onderzoek (het)	pesquisa (f)	[pə'ʃkizɐ]
onderzoeken (ww)	pesquisar (vt)	[pəʃki'zar]
toetsing (de)	teste (m)	['tɛʃtə]
laboratorium (het)	laboratório (m)	[lɐbureᵊ'tɔriu]

methode (de)	método (m)	['mɛtudu]
molecule (de/het)	molécula (f)	[mu'lɛkulə]
monitoring (de)	monitoramento (m)	[muniturɐ'mẽtu]
ontdekking (de)	descoberta (f)	[dəʃku'bɛrtə]

postulaat (het)	postulado (m)	[puʃtu'ladu]
principe (het)	princípio (m)	[prĩ'sipiu]
voorspelling (de)	prognóstico (m)	[prug'nɔʃtiku]
een prognose maken	prognosticar (vt)	[prugnuʃti'kar]

synthese (de)	síntese (f)	['sĩtəzə]
tendentie (de)	tendência (f)	[tẽ'dẽsiə]
theorema (het)	teorema (m)	[tiu'remɐ]

leerstellingen (mv.)	ensinamentos (m pl)	[ẽsinɐ'mẽtuʃ]
feit (het)	facto (m)	['faktu]
expeditie (de)	expedição (f)	[əʃpədi'sãu]
experiment (het)	experiência (f)	[əʃpə'rjẽsiə]

academicus (de)	académico (m)	[ɐkɐ'dɛmiku]
bachelor (bijv. BA, LLB)	bacharel (m)	[bəʃə'rɛl]
doctor (de)	doutor (m)	[do'tor]
universitair docent (de)	docente (m)	[du'sẽtə]

master, magister (de)	mestre (m)	['mɛʃtrə]
professor (de)	professor (m) catedrático	[prufə'sor ketə'dratiku]

Beroepen en ambachten

85. Zoeken naar werk. Ontslag

baan (de)	trabalho (m)	[trɐ'baʎu]
werknemers (mv.)	equipa (f)	[e'kipɐ]
personeel (het)	pessoal (m)	[pɐsu'al]
carrière (de)	carreira (f)	[kɐ'ʀɐjrɐ]
vooruitzichten (mv.)	perspetivas (f pl)	[pɐrʃpɛ'tiveʃ]
meesterschap (het)	mestria (f)	[mɛ'ʃtriɐ]
keuze (de)	seleção (f)	[sɐlɛ'sãu]
uitzendbureau (het)	agência (f) de emprego	[ɐ'ʒẽsiɐ dɐ ẽ'pregu]
CV, curriculum vitae (het)	CV, currículo (m)	[sɛ've], [ku'ʀikulu]
sollicitatiegesprek (het)	entrevista (f) de emprego	[ẽtrɐ'viʃtɐ dɐ ẽ'pregu]
vacature (de)	vaga (f)	['vagɐ]
salaris (het)	salário (m)	[sɐ'lariu]
vaste salaris (het)	salário (m) fixo	[sɐ'lariu 'fiksu]
loon (het)	pagamento (m)	[pɐgɐ'mẽtu]
betrekking (de)	posto (m)	['poʃtu]
taak, plicht (de)	dever (m)	[dɐ'ver]
takenpakket (het)	gama (f) de deveres	['gɐmɐ dɐ dɐ'verɐʃ]
bezig (~ zijn)	ocupado	[ɔku'padu]
ontslagen (ww)	despedir, demitir (vt)	[dɐʃpɐ'dir], [dɐmi'tir]
ontslag (het)	demissão (f)	[dɐmi'sãu]
werkloosheid (de)	desemprego (m)	[dɐzẽ'pregu]
werkloze (de)	desempregado (m)	[dɐzẽprɐ'gadu]
pensioen (het)	reforma (f)	[ʀɐ'formɐ]
met pensioen gaan	reformar-se	[ʀɐfur'marsɐ]

86. Zakenmensen

directeur (de)	diretor (m)	[dirɛ'tor]
beheerder (de)	gerente (m)	[ʒɐ'rẽtɐ]
hoofd (het)	patrão, chefe (m)	[pɐ'trãu], ['ʃɛfɐ]
baas (de)	superior (m)	[supɐ'rjor]
superieuren (mv.)	superiores (m pl)	[supɐ'rjorɐʃ]
president (de)	presidente (m)	[prɐzi'dẽtɐ]
voorzitter (de)	presidente (m) de direção	[prɐzi'dẽtɐ dɐ dirɛ'sãu]
adjunct (de)	substituto (m)	[subʃti'tutu]
assistent (de)	assistente (m)	[ɐsi'ʃtẽtɐ]

| secretaris (de) | secretário (m) | [səkrə'tariu] |
| persoonlijke assistent (de) | secretário (m) pessoal | [səkrə'tariu pəsu'al] |

zakenman (de)	homem (m) de negócios	['ɔmẽⁱ də nə'gɔsiuʃ]
ondernemer (de)	empresário (m)	[ẽprə'zariu]
oprichter (de)	fundador (m)	[fũde'dor]
oprichten	fundar (vt)	[fũ'dar]
(een nieuw bedrijf ~)		

stichter (de)	fundador, sócio (m)	[fũde'dor], ['sɔsiu]
partner (de)	parceiro, sócio (m)	[per'sejru], ['sɔsiu]
aandeelhouder (de)	acionista (m)	[esiu'niʃte]

miljonair (de)	milionário (m)	[miliu'nariu]
miljardair (de)	bilionário (m)	[biliu'nariu]
eigenaar (de)	proprietário (m)	[pruprie'tariu]
landeigenaar (de)	proprietário (m) de terras	[pruprie'tariu də 'teReʃ]

klant (de)	cliente (m)	[kli'ẽte]
vaste klant (de)	cliente (m) habitual	[kli'ẽte ebitu'al]
koper (de)	comprador (m)	[kõpre'dor]
bezoeker (de)	visitante (m)	[vizi'tãte]
professioneel (de)	profissional (m)	[prufisiu'nal]
expert (de)	perito (m)	[pe'ritu]
specialist (de)	especialista (m)	[eʃpesie'liʃte]

| bankier (de) | banqueiro (m) | [bã'kejru] |
| makelaar (de) | corretor (m) | [kuRe'tor] |

kassier (de)	caixa (m, f)	['kaiʃe]
boekhouder (de)	contabilista (m)	[kõtebi'liʃte]
bewaker (de)	guarda (m)	[gu'arde]

investeerder (de)	investidor (m)	[ıvəʃtl'dor]
schuldenaar (de)	devedor (m)	[deve'dor]
crediteur (de)	credor (m)	[kre'dor]
lener (de)	mutuário (m)	[mutu'ariu]

| importeur (de) | importador (m) | [ĩpurte'dor] |
| exporteur (de) | exportador (m) | [eʃpurte'dor] |

producent (de)	produtor (m)	[prudu'tor]
distributeur (de)	distribuidor (m)	[diʃtribui'dor]
bemiddelaar (de)	intermediário (m)	[ĩterme'djariu]

adviseur, consulent (de)	consultor (m)	[kõsul'tor]
vertegenwoordiger (de)	representante (m)	[Reprezẽ'tãte]
agent (de)	agente (m)	[e'ʒẽte]
verzekeringsagent (de)	agente (m) de seguros	[e'ʒẽte də se'guruʃ]

87. Dienstverlenende beroepen

| kok (de) | cozinheiro (m) | [kuzi'ɲejru] |
| chef-kok (de) | cozinheiro chefe (m) | [kuzi'ɲejru 'ʃɛfe] |

bakker (de)	padeiro (m)	[pa'dejru]
barman (de)	barman (m)	['barmen]
kelner, ober (de)	empregado (m)	[ĕprǝ'gadu]
serveerster (de)	empregada (f)	[ĕprǝ'gadǝ]

advocaat (de)	advogado (m)	[edvu'gadu]
jurist (de)	jurista (m)	[ʒu'riʃtǝ]
notaris (de)	notário (m)	[nu'tariu]

elektricien (de)	eletricista (m)	[elɛtri'siʃtǝ]
loodgieter (de)	canalizador (m)	[kenelize'dor]
timmerman (de)	carpinteiro (m)	[kerpĩ'tejru]

masseur (de)	massagista (m)	[mesǝ'ʒiʃtǝ]
masseuse (de)	massagista (f)	[mesǝ'ʒiʃtǝ]
dokter, arts (de)	médico (m)	['mɛdiku]

taxichauffeur (de)	taxista (m)	[ta'ksiʃtǝ]
chauffeur (de)	condutor (m)	[kõdu'tor]
koerier (de)	entregador (m)	[ĕtrǝge'dor]

kamermeisje (het)	camareira (f)	[keme'rejrǝ]
bewaker (de)	guarda (m)	[gu'ardǝ]
stewardess (de)	hospedeira (f) de bordo	[ɔʃpǝ'dejre dǝ 'bɔrdu]

meester (de)	professor (m)	[prufǝ'sor]
bibliothecaris (de)	bibliotecário (m)	[bibliutǝ'kariu]
vertaler (de)	tradutor (m)	[tredu'tor]
tolk (de)	intérprete (m)	[ĩ'tɛrpretǝ]
gids (de)	guia (m)	['giɐ]

kapper (de)	cabeleireiro (m)	[kebǝlej'rejru]
postbode (de)	carteiro (m)	[ker'tejru]
verkoper (de)	vendedor (m)	[vĕdǝ'dor]

tuinman (de)	jardineiro (m)	[ʒerdi'nejru]
huisbediende (de)	criado (m)	[kri'adu]
dienstmeisje (het)	criada (f)	[kri'adǝ]
schoonmaakster (de)	empregada (f) de limpeza	[ĕprǝ'gadǝ dǝ lĩ'pezǝ]

88. Militaire beroepen en rangen

soldaat (rang)	soldado (m) raso	[sol'dadu 'ʀazu]
sergeant (de)	sargento (m)	[ser'ʒĕtu]
luitenant (de)	tenente (m)	[tǝ'nĕtǝ]
kapitein (de)	capitão (m)	[kepi'tãu]

majoor (de)	major (m)	[me'ʒɔr]
kolonel (de)	coronel (m)	[kuru'nɛl]
generaal (de)	general (m)	[ʒǝnǝ'ral]
maarschalk (de)	marechal (m)	[merǝ'ʃal]
admiraal (de)	almirante (m)	[almi'rãtǝ]
militair (de)	militar (m)	[mili'tar]
soldaat (de)	soldado (m)	[sol'dadu]

officier (de)	oficial (m)	[ɔfi'sjal]
commandant (de)	comandante (m)	[kumã'dãtə]
grenswachter (de)	guarda (m) fronteiriço	[gu'ardɐ frõtej'risu]
marconist (de)	operador (m) de rádio	[ɔpɐre'dor də 'ʀadiu]
verkenner (de)	explorador (m)	[ɐʃplure'dor]
sappeur (de)	sapador (m)	[sɐpɐ'dor]
schutter (de)	atirador (m)	[etire'dor]
stuurman (de)	navegador (m)	[nɐvɐge'dor]

89. Ambtenaren. Priesters

koning (de)	rei (m)	[ʀej]
koningin (de)	rainha (f)	[ʀɐ'iɲɐ]
prins (de)	príncipe (m)	['prĩsipə]
prinses (de)	princesa (f)	[prĩ'sezɐ]
tsaar (de)	czar (m)	['kzar]
tsarina (de)	czarina (f)	[kzɐ'rinɐ]
president (de)	presidente (m)	[prəzi'dẽtə]
minister (de)	ministro (m)	[mi'niʃtru]
eerste minister (de)	primeiro-ministro (m)	[pri'mejru mi'niʃtru]
senator (de)	senador (m)	[sɐne'dor]
diplomaat (de)	diplomata (m)	[diplu'matɐ]
consul (de)	cônsul (m)	['kõsul]
ambassadeur (de)	embaixador (m)	[ẽbaɪʃe'dor]
adviseur (de)	conselheiro (m)	[kõsɐ'ʎejru]
ambtenaar (de)	funcionário (m)	[fũsiu'nariu]
prefect (de)	prefeito (m)	[prə'fejtu]
burgemeester (de)	Presidente (m) da Câmara	[prəzi'dẽtə də 'kɐmɐrɐ]
rechter (de)	juiz (m)	[ʒu'iʃ]
aanklager (de)	procurador (m)	[prɔkure'dor]
missionaris (de)	missionário (m)	[misiu'nariu]
monnik (de)	monge (m)	['mõʒə]
abt (de)	abade (m)	[ɐ'badə]
rabbi, rabbijn (de)	rabino (m)	[ʀɐ'binu]
vizier (de)	vizir (m)	[vi'zir]
sjah (de)	xá (m)	[ʃa]
sjeik (de)	xeque (m)	['ʃɛkə]

90. Agrarische beroepen

imker (de)	apicultor (m)	[ɐpikul'tor]
herder (de)	pastor (m)	[pɐ'ʃtor]
landbouwkundige (de)	agrónomo (m)	[ɐ'grɔnumu]

veehouder (de)	criador (m) de gado	[kriɐ'dor də 'gadu]
dierenarts (de)	veterinário (m)	[vətəri'nariu]

landbouwer (de)	agricultor (m)	[ɛgrikul'tor]
wijnmaker (de)	vinicultor (m)	[vinikul'tor]
zoöloog (de)	zoólogo (m)	[zu'ɔlugu]
cowboy (de)	cowboy (m)	[kɔ'bɔj]

91. Kunst beroepen

acteur (de)	ator (m)	[a'tor]
actrice (de)	atriz (f)	[e'triʃ]

zanger (de)	cantor (m)	[kã'tor]
zangeres (de)	cantora (f)	[kã'torɐ]

danser (de)	bailarino (m)	[bajlɐ'rinu]
danseres (de)	bailarina (f)	[bajlɐ'rinɐ]

artiest (mann.)	artista (m)	[ɐr'tiʃtɐ]
artiest (vrouw.)	artista (f)	[ɐr'tiʃtɐ]

muzikant (de)	músico (m)	['muziku]
pianist (de)	pianista (m)	[piɐ'niʃtɐ]
gitarist (de)	guitarrista (m)	[gitɐ'ʀiʃtɐ]

orkestdirigent (de)	maestro (m)	[mɐ'ɛʃtru]
componist (de)	compositor (m)	[kõpuzi'tor]
impresario (de)	empresário (m)	[ẽprɐ'zariu]

filmregisseur (de)	realizador (m)	[ʀiɐlizɐ'dor]
filmproducent (de)	produtor (m)	[prudu'tor]
scenarioschrijver (de)	argumentista (m)	[ɐrgumẽ'tiʃtɐ]
criticus (de)	crítico (m)	['kritiku]

schrijver (de)	escritor (m)	[əʃkri'tor]
dichter (de)	poeta (m)	[pu'ɛtɐ]
beeldhouwer (de)	escultor (m)	[əʃkul'tor]
kunstenaar (de)	pintor (m)	[pĩ'tor]

jongleur (de)	malabarista (m)	[mɐlɐbɐ'riʃtɐ]
clown (de)	palhaço (m)	[pɐ'ʎasu]
acrobaat (de)	acrobata (m)	[ɛkru'batɐ]
goochelaar (de)	mágico (m)	['maʒiku]

92. Verschillende beroepen

dokter, arts (de)	médico (m)	['mɛdiku]
ziekenzuster (de)	enfermeira (f)	[ẽfɐr'mejrɐ]
psychiater (de)	psiquiatra (m)	[psiki'atrɐ]
tandarts (de)	estomatologista (m)	[əʃtumɐtulu'ʒiʃtɐ]
chirurg (de)	cirurgião (m)	[sirur'ʒjãu]

astronaut (de)	astronauta (m)	[eʃtrɔ'naute]
astronoom (de)	astrónomo (m)	[e'ʃtrɔnumu]
piloot (de)	piloto (m)	[pi'lotu]

chauffeur (de)	motorista (m)	[mutu'riʃte]
machinist (de)	maquinista (m)	[mɐki'niʃte]
mecanicien (de)	mecânico (m)	[mə'kɐniku]

mijnwerker (de)	mineiro (m)	[mi'nejru]
arbeider (de)	operário (m)	[ɔpə'rariu]
bankwerker (de)	serralheiro (m)	[sɐrɐ'ʎejru]
houtbewerker (de)	marceneiro (m)	[mɐrsə'nejru]
draaier (de)	torneiro (m)	[tur'nejru]
bouwvakker (de)	construtor (m)	[kõʃtru'tor]
lasser (de)	soldador (m)	[solde'dor]

professor (de)	professor (m) catedrático	[prufe'sor kete'dratiku]
architect (de)	arquiteto (m)	[erki'tɛtu]
historicus (de)	historiador (m)	[iʃturie'dor]
wetenschapper (de)	cientista (m)	[siẽ'tiʃte]
fysicus (de)	físico (m)	['fiziku]
scheikundige (de)	químico (m)	['kimiku]

archeoloog (de)	arqueólogo (m)	[er'kjɔlugu]
geoloog (de)	geólogo (m)	[ʒj'ɔlugu]
onderzoeker (de)	pesquisador (m)	[peʃkize'dor]

babysitter (de)	babysitter (f)	[bebisi'ter]
leraar, pedagoog (de)	professor (m)	[prufe'sor]

redacteur (de)	redator (m)	[Rəda'tor]
chef-redacteur (de)	redator-chefe (m)	[Rəda'tor 'ʃɛfə]
correspondent (de)	correspondente (m)	[kurɐʃpõ'dẽte]
typiste (de)	datilógrafa (f)	[deti'lɔgrefe]

designer (de)	designer (m)	[di'zajner]
computerexpert (de)	especialista (m) em informática	[eʃpəsie'liʃte ən ĩfur'matike]

programmeur (de)	programador (m)	[prugreme'dor]
ingenieur (de)	engenheiro (m)	[ẽʒə'ɲejru]

matroos (de)	marujo (m)	[mɐ'ruʒu]
zeeman (de)	marinheiro (m)	[mɐri'ɲejru]
redder (de)	salvador (m)	[salve'dor]

brandweerman (de)	bombeiro (m)	[bõ'bejru]
politieagent (de)	polícia (m)	[pu'lisie]
nachtwaker (de)	guarda-noturno (m)	[gu'arde nɔ'turnu]
detective (de)	detetive (m)	[detɛ'tive]

douanier (de)	funcionário (m) da alfândega	[fũsiu'nariu de al'fãdege]
lijfwacht (de)	guarda-costas (m)	[gu'arde 'kɔʃteʃ]
gevangenisbewaker (de)	guarda (m) prisional	[gu'arde priziu'nal]
inspecteur (de)	inspetor (m)	[ĩʃpɛ'tor]
sportman (de)	desportista (m)	[dəʃpur'tiʃte]
trainer (de)	treinador (m)	[trejnɐ'dor]

slager, beenhouwer (de)	talhante (m)	[tɐ'ʎãtə]
schoenlapper (de)	sapateiro (m)	[sɐpɐ'tɐjɾu]
handelaar (de)	comerciante (m)	[kumər'sjãtə]
lader (de)	carregador (m)	[kɐʀɐgɐ'doɾ]

| kledingstilist (de) | estilista (m) | [əʃti'liʃtə] |
| model (het) | modelo (f) | [mu'delu] |

93. Beroepen. Sociale status

| scholier (de) | escolar (m) | [əʃku'laɾ] |
| student (de) | estudante (m) | [əʃtu'dãtə] |

filosoof (de)	filósofo (m)	[fi'lɔzufu]
econoom (de)	economista (m)	[ekɔnu'miʃtə]
uitvinder (de)	inventor (m)	[ĩvẽ'toɾ]

werkloze (de)	desempregado (m)	[dəzẽpɾɐ'gadu]
gepensioneerde (de)	reformado (m)	[ʀɐfuɾ'madu]
spion (de)	espião (m)	[ə'ʃpjãu]

gedetineerde (de)	preso (m)	['prezu]
staker (de)	grevista (m)	[grɛ'viʃtə]
bureaucraat (de)	burocrata (m)	[buru'kratə]
reiziger (de)	viajante (m)	[viɐ'ʒãtə]

homoseksueel (de)	homossexual (m)	[ɔmɔsɛksu'al]
hacker (computerkraker)	hacker (m)	['akɛɾ]
hippie (de)	hippie	['ipi]

bandiet (de)	bandido (m)	[bã'didu]
huurmoordenaar (de)	assassino (m) a soldo	[ɐsɐ'sinu ɐ 'soldu]
drugsverslaafde (de)	toxicodependente (m)	[tɔksiku·dəpẽ'dẽtə]
drugshandelaar (de)	traficante (m)	[trɐfi'kãtə]
prostituee (de)	prostituta (f)	[pruʃti'tutə]
pooier (de)	chulo (m)	['ʃulu]

tovenaar (de)	bruxo (m)	['bruʃu]
tovenares (de)	bruxa (f)	['bruʃə]
piraat (de)	pirata (m)	[pi'ratə]
slaaf (de)	escravo (m)	[ə'ʃkravu]
samoerai (de)	samurai (m)	[sɐmu'raj]
wilde (de)	selvagem (m)	[sɛl'vaʒẽ']

Onderwijs

94. School

school (de)	escola (f)	[ə'ʃkɔlɐ]
schooldirecteur (de)	diretor (m) de escola	[dirɛ'tor də ə'ʃkɔlɐ]
leerling (de)	aluno (m)	[ɐ'lunu]
leerlinge (de)	aluna (f)	[ɐ'lunɐ]
scholier (de)	escolar (m)	[əʃku'lar]
scholiere (de)	escolar (f)	[əʃku'lar]
leren (lesgeven)	ensinar (vt)	[ẽsi'nar]
studeren (bijv. een taal ~)	aprender (vt)	[ɐprẽ'der]
van buiten leren	aprender de cor	[ɐprẽ'der də kor]
leren (bijv. ~ tellen)	estudar (vi)	[əʃtu'dar]
in school zijn	andar na escola	[ãdar nɐ ə'ʃkɔlɐ]
(schooljongen zijn)		
naar school gaan	ir à escola	[ir a ə'ʃkɔlɐ]
alfabet (het)	alfabeto (m)	[alfɐ'bɛtu]
vak (schoolvak)	disciplina (f)	[diʃsi'plinɐ]
klaslokaal (het)	sala (f) de aula	['salɐ də 'aulɐ]
les (de)	lição, aula (f)	[li'sãu], ['aulɐ]
pauze (de)	recreio (m)	[Rɐ'krɐju]
bel (de)	toque (m)	['tɔkɐ]
schooltafel (de)	carteira (f)	[kɐr'tɐjrɐ]
schoolbord (het)	quadro (m) negro	[ku'adru 'negru]
cijfer (het)	nota (f)	['nɔtɐ]
goed cijfer (het)	boa nota (f)	['boɐ 'nɔtɐ]
slecht cijfer (het)	nota (f) baixa	['nɔtɐ 'baɪʃɐ]
een cijfer geven	dar uma nota	[dar 'umɐ 'nɔtɐ]
fout (de)	erro (m)	['eRu]
fouten maken	fazer erros	[fɐ'zer 'eRuʃ]
corrigeren (fouten ~)	corrigir (vt)	[kuRi'ʒir]
spiekbriefje (het)	cábula (f)	['kabulɐ]
huiswerk (het)	dever (m) de casa	[də'ver də 'kazɐ]
oefening (de)	exercício (m)	[ezɐr'sisiu]
aanwezig zijn (ww)	estar presente	[ə'ʃtar prɐ'zẽtɐ]
absent zijn (ww)	estar ausente	[ə'ʃtar au'zẽtɐ]
school verzuimen	faltar às aulas	[fal'tar aʃ 'aulɐʃ]
bestraffen (een stout kind ~)	punir (vt)	[pu'nir]
bestraffing (de)	punição (f)	[puni'sãu]

gedrag (het)	comportamento (m)	[kõpurte'mētu]
cijferlijst (de)	boletim (m) escolar	[bule'tĩ eʃku'lar]
potlood (het)	lápis (m)	['lapiʃ]
gom (de)	borracha (f)	[bu'Raʃe]
krijt (het)	giz (m)	[ʒiʃ]
pennendoos (de)	estojo (m)	[e'ʃtoʒu]

boekentas (de)	pasta (f) escolar	['paʃte eʃku'lar]
pen (de)	caneta (f)	[ke'nete]
schrift (de)	caderno (m)	[ke'dɛrnu]
leerboek (het)	manual (m)	[menu'al]
passer (de)	compasso (m)	[kõ'pasu]

technisch tekenen (ww)	traçar (vt)	[tre'sar]
technische tekening (de)	desenho (m) técnico	[de'zeɲu 'tɛkniku]

gedicht (het)	poesia (f)	[pue'zie]
van buiten (bw)	de cor	[de kor]
van buiten leren	aprender de cor	[eprẽ'der de kor]

vakantie (de)	férias (f pl)	['fɛrieʃ]
met vakantie zijn	estar de férias	[e'ʃtar de 'fɛrieʃ]
vakantie doorbrengen	passar as férias	[pe'sar eʃ 'fɛrieʃ]

toets (schriftelijke ~)	teste (m)	['tɛʃte]
opstel (het)	composição, redação (f)	[kõpuzi'sãu], [Reda'sãu]
dictee (het)	ditado (m)	[di'tadu]
examen (het)	exame (m)	[e'zeme]
examen afleggen	fazer exame	[fe'zer e'zeme]
experiment (het)	experiência (f)	[eʃpe'rjẽsie]

95. Hogeschool. Universiteit

academie (de)	academia (f)	[ekede'mie]
universiteit (de)	universidade (f)	[universi'dade]
faculteit (de)	faculdade (f)	[fekul'dade]

student (de)	estudante (m)	[eʃtu'dãte]
studente (de)	estudante (f)	[eʃtu'dãte]
leraar (de)	professor (m)	[prufe'sor]

collegezaal (de)	sala (f) de palestras	['sale de pe'lɛʃtreʃ]
afgestudeerde (de)	graduado (m)	[gredu'adu]

diploma (het)	diploma (m)	[dip'lome]
dissertatie (de)	tese (f)	['tɛze]

onderzoek (het)	estudo (m)	[e'ʃtudu]
laboratorium (het)	laboratório (m)	[lebure'tɔriu]

college (het)	palestra (f)	[pe'lɛʃtre]
medestudent (de)	colega (m) de curso	[ku'lɛge de 'kursu]
studiebeurs (de)	bolsa (f) de estudos	['bolse de e'ʃtuduʃ]
academische graad (de)	grau (m) académico	['grau eke'dɛmiku]

96. Wetenschappen. Disciplines

wiskunde (de)	matemática (f)	[metə'matikə]
algebra (de)	álgebra (f)	['aʒəbrə]
meetkunde (de)	geometria (f)	[ʒiumə'triə]
astronomie (de)	astronomia (f)	[eʃtrunu'miə]
biologie (de)	biologia (f)	[biulu'ʒiə]
geografie (de)	geografia (f)	[ʒiugrɐ'fiə]
geologie (de)	geologia (f)	[ʒiulu'ʒiə]
geschiedenis (de)	história (f)	[i'ʃtɔriə]
geneeskunde (de)	medicina (f)	[mədi'sinə]
pedagogiek (de)	pedagogia (f)	[pədegu'ʒiə]
rechten (mv.)	direito (m)	[di'rɐjtu]
fysica, natuurkunde (de)	física (f)	['fizikə]
scheikunde (de)	química (f)	['kimikə]
filosofie (de)	filosofia (f)	[filuzu'fiə]
psychologie (de)	psicologia (f)	[psikulu'ʒiə]

97. Schrift. Spelling

grammatica (de)	gramática (f)	[grɐ'matikə]
vocabulaire (het)	vocabulário (m)	[vokabu'larju]
fonetiek (de)	fonética (f)	[fo'nɛtikə]
zelfstandig naamwoord (het)	substantivo (m)	[subʃtã'tivu]
bijvoeglijk naamwoord (het)	adjetivo (m)	[edʒɛ'tivu]
werkwoord (het)	verbo (m)	['vɛrbu]
bijwoord (het)	advérbio (m)	[ɐd'vɛrbiu]
voornaamwoord (het)	pronome (m)	[pru'nomə]
tussenwerpsel (het)	interjeição (f)	[ĩtɛrʒej'sãu]
voorzetsel (het)	preposição (f)	[prəpuzi'sãu]
stam (de)	raiz (f)	[ʀɐ'iʃ]
achtervoegsel (het)	terminação (f)	[tərminɐ'sãu]
voorvoegsel (het)	prefixo (m)	[prɐ'fiksu]
lettergreep (de)	sílaba (f)	['silɐbə]
achtervoegsel (het)	sufixo (m)	[su'fiksu]
nadruk (de)	acento (m)	[ɐ'sẽtu]
afkappingsteken (het)	apóstrofo (m)	[ɐ'pɔʃtrofu]
punt (de)	ponto (m)	['põtu]
komma (de/het)	vírgula (f)	['virgulə]
puntkomma (de)	ponto e vírgula (m)	['põtu ə 'virgulə]
dubbelpunt (de)	dois pontos (m pl)	['doɪʃ 'põtuʃ]
beletselteken (het)	reticências (f pl)	[ʀɐti'sẽsiəʃ]
vraagteken (het)	ponto (m) de interrogação	['põtu də ĩtɐʀugɐ'sãu]
uitroepteken (het)	ponto (m) de exclamação	['põtu də əʃklɐmɐ'sãu]

aanhalingstekens (mv.)	aspas (f pl)	['aʃpɐʃ]
tussen aanhalingstekens (bw)	entre aspas	[ẽtrə 'aʃpɐʃ]
haakjes (mv.)	parênteses (m pl)	[pɐ'rẽtəzəʃ]
tussen haakjes (bw)	entre parênteses	[ẽtrə pɐ'rẽtəzəʃ]

streepje (het)	hífen (m)	['ifɛn]
gedachtestreepje (het)	travessão (m)	[trɐvə'sãu]
spatie	espaço (m)	[ə'ʃpasu]
(~ tussen twee woorden)		

letter (de)	letra (f)	['letrɐ]
hoofdletter (de)	letra (f) maiúscula	['letrɐ mɐ'juʃkulɐ]

klinker (de)	vogal (f)	[vu'gal]
medeklinker (de)	consoante (f)	[kõsu'ãtə]

zin (de)	frase (f)	['frazə]
onderwerp (het)	sujeito (m)	[su'ʒɐjtu]
gezegde (het)	predicado (m)	[prədi'kadu]

regel (in een tekst)	linha (f)	['liɲɐ]
op een nieuwe regel (bw)	em uma nova linha	[ɛn 'umɐ 'nɔvɐ 'liɲɐ]
alinea (de)	parágrafo (m)	[pɐ'ragrɐfu]

woord (het)	palavra (f)	[pɐ'lavrɐ]
woordgroep (de)	grupo (m) de palavras	['grupu də pɐ'lavrɐʃ]
uitdrukking (de)	expressão (f)	[əʃprə'sãu]
synoniem (het)	sinónimo (m)	[si'nɔnimu]
antoniem (het)	antónimo (m)	[ã'tonimu]

regel (de)	regra (f)	['ʀɛgrɐ]
uitzondering (de)	exceção (f)	[əʃsɛ'sãu]
correct (bijv. ~e spelling)	correto	[ku'ʀɛtu]

vervoeging, conjugatie (de)	conjugação (f)	[kõʒugɐ'sãu]
verbuiging, declinatie (de)	declinação (f)	[dəklinɐ'sãu]
naamval (de)	caso (m)	['kazu]
vraag (de)	pergunta (f)	[pər'gũtɐ]
onderstrepen (ww)	sublinhar (vt)	[subli'ɲar]
stippellijn (de)	linha (f) pontilhada	['liɲɐ põti'ʎadɐ]

98. Vreemde talen

taal (de)	língua (f)	['lĩguɐ]
vreemd (bn)	estrangeiro	[əʃtrã'ʒɐjru]
vreemde taal (de)	língua (f) estrangeira	['lĩguɐ əʃtrã'ʒɐjrɐ]
leren (bijv. van buiten ~)	estudar (vt)	[əʃtu'dar]
studeren (Nederlands ~)	aprender (vt)	[əprẽ'der]

lezen (ww)	ler (vt)	[ler]
spreken (ww)	falar (vi)	[fɐ'lar]
begrijpen (ww)	compreender (vt)	[kõpriẽ'der]
schrijven (ww)	escrever (vt)	[əʃkrə'ver]
snel (bw)	rapidamente	[ʀapidɐ'mẽtə]

langzaam (bw)	devagar	[dəvɐ'gar]
vloeiend (bw)	fluentemente	[fluẽtə'mẽtə]
regels (mv.)	regras (f pl)	['rɛgrɐʃ]
grammatica (de)	gramática (f)	[grɐ'matikɐ]
vocabulaire (het)	vocabulário (m)	[vokabu'larju]
fonetiek (de)	fonética (f)	[fɔ'nɛtikɐ]
leerboek (het)	manual (m)	[mɐnu'al]
woordenboek (het)	dicionário (m)	[disiu'nariu]
leerboek (het) voor zelfstudie	manual (m)	[mɐnu'al
	de autoaprendizagem	də 'autɔɐprẽdi'zaʒẽʲ]
taalgids (de)	guia (m) de conversação	['giɐ də kõvɐrsɐ'sãu]
cassette (de)	cassete (f)	[ka'sɛtə]
videocassette (de)	vídeo cassete (m)	['vidiu ka'sɛtə]
CD (de)	CD, disco (m) compacto	['sɛdɛ], ['diʃku kõ'paktu]
DVD (de)	DVD (m)	[dɛvɛ'dɛ]
alfabet (het)	alfabeto (m)	[alfɐ'bɛtu]
spellen (ww)	soletrar (vt)	[sulɐ'trar]
uitspraak (de)	pronúncia (f)	[pru'nũsiɐ]
accent (het)	sotaque (m)	[su'takə]
met een accent (bw)	com sotaque	[kõ su'takə]
zonder accent (bw)	sem sotaque	[sẽ su'takə]
woord (het)	palavra (f)	[pɐ'lavrɐ]
betekenis (de)	sentido (m)	[sẽ'tidu]
cursus (de)	cursos (m pl)	['kursuʃ]
zich inschrijven (ww)	inscrever-se (vr)	[ĩʃkrɐ'versə]
leraar (de)	professor (m)	[prufɐ'sor]
vertaling (een ~ maken)	tradução (f)	[trɐdu'sãu]
vertaling (tekst)	tradução (f)	[trɐdu'sãu]
vertaler (de)	tradutor (m)	[trɐdu'tor]
tolk (de)	intérprete (m)	[ĩ'tɛrprɐtə]
polyglot (de)	poliglota (m)	[pɔli'glɔtə]
geheugen (het)	memória (f)	[mɐ'mɔriɐ]

Rusten. Entertainment. Reizen

99. Trip. Reizen

toerisme (het)	turismo (m)	[tu'riʒmu]
toerist (de)	turista (m)	[tu'riʃtɐ]
reis (de)	viagem (f)	['vjaʒẽ']
avontuur (het)	aventura (f)	[ɐvẽ'turɐ]
tocht (de)	viagem (f)	['vjaʒẽ']

vakantie (de)	férias (f pl)	['fɛriɐʃ]
met vakantie zijn	estar de férias	[ə'ʃtar də 'fɛriɐʃ]
rust (de)	descanso (m)	[də'ʃkãsu]

trein (de)	comboio (m)	[kõ'bɔju]
met de trein	de comboio	[də kõ'bɔju]
vliegtuig (het)	avião (m)	[ɐ'vjãu]
met het vliegtuig	de avião	[də ɐ'vjãu]
met de auto	de carro	[də 'kaʀu]
per schip (bw)	de navio	[də nɐ'viu]

bagage (de)	bagagem (f)	[bɐ'gaʒẽ']
valies (de)	mala (f)	['malɐ]
bagagekarretje (het)	carrinho (m)	[kɐ'ʀiɲu]

paspoort (het)	passaporte (m)	[pasɐ'pɔrtə]
visum (het)	visto (m)	['viʃtu]
kaartje (het)	bilhete (m)	[bi'ʎetə]
vliegticket (het)	bilhete (m) de avião	[bi'ʎetə də ɐ'vjãu]

reisgids (de)	guia (m) de viagem	['giɐ də vi'aʒẽ']
kaart (de)	mapa (m)	['mapɐ]
gebied (landelijk ~)	local (m), area (f)	[lu'kal], [ɐ'rɛɐ]
plaats (de)	lugar, sítio (m)	[lu'gar], ['sitiu]

exotische bestemming (de)	exotismo (m)	[ezu'tiʒmu]
exotisch (bn)	exótico	[e'zɔtiku]
verwonderlijk (bn)	surpreendente	[surpriẽ'dẽtə]

groep (de)	grupo (m)	['grupu]
rondleiding (de)	excursão (f)	[əʃkur'sãu]
gids (de)	guia (m)	['giɐ]

100. Hotel

hotel (het)	hotel (m)	[ɔ'tɛl]
motel (het)	motel (m)	[mu'tɛl]
3-sterren	três estrelas	['treʃ ə'ʃtrelɐʃ]

5-sterren	cinco estrelas	['sĩku ə'ʃtrɐlɐʃ]
overnachten (ww)	ficar (vi, vt)	[fi'kar]
kamer (de)	quarto (m)	[ku'artu]
eenpersoonskamer (de)	quarto (m) individual	[ku'artu ĩdividu'al]
tweepersoonskamer (de)	quarto (m) duplo	[ku'artu 'duplu]
een kamer reserveren	reservar um quarto	[ʀəzər'var ũ ku'artu]
halfpension (het)	meia pensão (f)	['mɐjɐ pẽ'sãu]
volpension (het)	pensão (f) completa	[pẽ'sãu kõ'plɛtɐ]
met badkamer	com banheira	[kõ bɐ'ɲɐjɾɐ]
met douche	com duche	[kõ 'duʃə]
satelliet-tv (de)	televisão (m) satélite	[tələvi'zãu sɐ'tɛlitə]
airconditioner (de)	ar (m) condicionado	[ar kõdisiu'nadu]
handdoek (de)	toalha (f)	[tu'aʎɐ]
sleutel (de)	chave (f)	['ʃavə]
administrateur (de)	administrador (m)	[edminiʃtrɐ'dor]
kamermeisje (het)	camareira (f)	[kɐmɐ'ɾɐjɾɐ]
piccolo (de)	bagageiro (m)	[bɐgɐ'ʒɐjɾu]
portier (de)	porteiro (m)	[pur'tɐjɾu]
restaurant (het)	restaurante (m)	[ʀɐʃtau'ɾãtə]
bar (de)	bar (m)	[bar]
ontbijt (het)	pequeno-almoço (m)	[pə'kenu al'mosu]
avondeten (het)	jantar (m)	[ʒã'tar]
buffet (het)	buffet (m)	[bu'fe]
hal (de)	hall (m) de entrada	[ɔl də ẽ'tradə]
lift (de)	elevador (m)	[eləvɐ'dor]
NIET STOREN	NÃO PERTURBE	['nãu pər'turbə]
VERBODEN TE ROKEN!	PROIBIDO FUMAR!	[prui'bidu fu'mar]

TECHNISCHE APPARATUUR. VERVOER

Technische apparatuur

101. Computer

computer (de)	computador (m)	[kõputɐ'dor]
laptop (de)	portátil (m)	[pur'tatil]
aanzetten (ww)	ligar (vt)	[li'gar]
uitzetten (ww)	desligar (vt)	[dəʒli'gar]
toetsenbord (het)	teclado (m)	[tɛk'ladu]
toets (enter~)	tecla (f)	['tɛklɐ]
muis (de)	rato (m)	['ʀatu]
muismat (de)	tapete (m) de rato	[tɐ'petə də 'ʀatu]
knopje (het)	botão (m)	[bu'tãu]
cursor (de)	cursor (m)	[kur'sor]
monitor (de)	monitor (m)	[muni'tor]
scherm (het)	ecrã (m)	[ɛ'krã]
harde schijf (de)	disco (m) rígido	['diʃku 'ʀiʒidu]
volume (het)	capacidade (f)	[kɐpɐsi'dadə
van de harde schijf	do disco rígido	du 'diʃku 'ʀiʒidu]
geheugen (het)	memória (f)	[mə'mɔriɐ]
RAM-geheugen (het)	memória RAM (f)	[mə'mɔriɐ ʀam]
bestand (het)	ficheiro (m)	[fi'ʃɐjru]
folder (de)	pasta (f)	['paʃtɐ]
openen (ww)	abrir (vt)	[ɐ'brir]
sluiten (ww)	fechar (vt)	[fə'ʃar]
opslaan (ww)	guardar (vt)	[guɐr'dar]
verwijderen (wissen)	apagar, eliminar (vt)	[ɐpɐ'gar], [elimi'nar]
kopiëren (ww)	copiar (vt)	[ku'pjar]
sorteren (ww)	ordenar (vt)	[ɔrdə'nar]
overplaatsen (ww)	copiar (vt)	[ku'pjar]
programma (het)	programa (m)	[pru'grɐmɐ]
software (de)	software (m)	['sɔftuɛr]
programmeur (de)	programador (m)	[prugrɐmɐ'dor]
programmeren (ww)	programar (vt)	[prugrɐ'mar]
hacker (computerkraker)	hacker (m)	['akɛr]
wachtwoord (het)	senha (f)	['sɐɲɐ]
virus (het)	vírus (m)	['viruʃ]
ontdekken (virus ~)	detetar (vt)	[dətɛ'tar]

| byte (de) | byte (m) | ['bajtə] |
| megabyte (de) | megabyte (m) | [mɛgɐ'bajtə] |

| data (de) | dados (m pl) | ['daduʃ] |
| databank (de) | base (f) de dados | ['bazə də 'daduʃ] |

kabel (USB-~, enz.)	cabo (m)	['kabu]
afsluiten (ww)	desconectar (vt)	[dəʃkunɛ'tar]
aansluiten op (ww)	conetar (vt)	[kunɛ'tar]

102. Internet. E-mail

internet (het)	internet (f)	[ĩtɛr'nɛtə]
browser (de)	browser (m)	['brauzɛr]
zoekmachine (de)	motor (m) de busca	[mu'tor də 'buʃkɐ]
internetprovider (de)	provedor (m)	[pruvɐ'dor]

webmaster (de)	webmaster (m)	[wɛb'mastɛr]
website (de)	website, sítio web (m)	[wɛb'sajt], ['sitiu wɛb]
webpagina (de)	página (f) web	['paʒinɐ wɛb]

| adres (het) | endereço (m) | [ẽdə'resu] |
| adresboek (het) | livro (m) de endereços | ['livru də ẽdə'resuʃ] |

postvak (het)	caixa (f) de correio	['kaɪʃɐ də ku'ʀɐju]
post (de)	correio (m)	[ku'ʀɐju]
vol (~ postvak)	cheia	['ʃejɐ]

bericht (het)	mensagem (f)	[mẽ'saʒẽj]
binnenkomende berichten (mv.)	mensagens (f pl) recebidas	[mẽ'saʒẽjʃ ʀəsə'bidɐʃ]
uitgaande berichten (mv.)	mensagens (f pl) enviadas	[me'saʒẽjʃ ẽ'vjadɒʃ]
verzender (de)	remetente (m)	[ʀəmə'tẽtə]
verzenden (ww)	enviar (vt)	[ẽ'vjar]
verzending (de)	envio (m)	[ẽ'viu]

| ontvanger (de) | destinatário (m) | [dəʃtinɐ'tariu] |
| ontvangen (ww) | receber (vt) | [ʀəsə'ber] |

| correspondentie (de) | correspondência (f) | [kuʀəʃpõ'dẽsiɐ] |
| corresponderen (met ...) | corresponder-se (vr) | [kuʀəʃpõ'dersə] |

bestand (het)	ficheiro (m)	[fi'ʃejru]
downloaden (ww)	fazer download, baixar (vt)	[fe'zer daun'loɐd], [baɪ'ʃar]
creëren (ww)	criar (vt)	[kri'ar]
verwijderen (een bestand ~)	apagar, eliminar (vt)	[ɐpɐ'gar], [elimi'nar]
verwijderd (bn)	eliminado	[elimi'nadu]

verbinding (de)	conexão (f)	[kunɛ'ksãu]
snelheid (de)	velocidade (f)	[vəlusi'dadə]
modem (de)	modem (m)	['mɔdɛm]
toegang (de)	acesso (m)	[ɐ'sɛsu]
poort (de)	porta (f)	['portɐ]
aansluiting (de)	conexão (f)	[kunɛ'ksãu]

zich aansluiten (ww)	conetar (vi)	[kunɛ'tar]
selecteren (ww)	escolher (vt)	[əʃku'ʎer]
zoeken (ww)	buscar (vt)	[bu'ʃkar]

103. Elektriciteit

elektriciteit (de)	eletricidade (f)	[elɛtrisi'dadə]
elektrisch (bn)	elétrico	[e'lɛtriku]
elektriciteitscentrale (de)	central (f) elétrica	[sē'tral e'lɛtrikɐ]
energie (de)	energia (f)	[enər'ʒie]
elektrisch vermogen (het)	energia (f) elétrica	[enər'ʒie e'lɛtrikɐ]

lamp (de)	lâmpada (f)	['lãpɐdɐ]
zaklamp (de)	lanterna (f)	[lã'tɛrnɐ]
straatlantaarn (de)	poste (m) de iluminação	['pɔʃtə də ilumine'sãu]

licht (elektriciteit)	luz (f)	[luʃ]
aandoen (ww)	ligar (vt)	[li'gar]
uitdoen (ww)	desligar (vt)	[dəʒli'gar]
het licht uitdoen	apagar a luz	[epɐ'gar ɐ luʃ]

doorbranden (gloeilamp)	fundir (vi)	[fũ'dir]
kortsluiting (de)	curto-circuito (m)	['kurtu sir'kuitu]
onderbreking (de)	rutura (f)	[ʀu'turɐ]
contact (het)	contacto (m)	[kõ'taktu]

schakelaar (de)	interruptor (m)	[ĩtəʀup'tor]
stopcontact (het)	tomada (f)	[tu'madɐ]
stekker (de)	ficha (f)	['fiʃɐ]
verlengsnoer (de)	extensão (f)	[əʃtē'sãu]

zekering (de)	fusível (m)	[fu'zivɛl]
kabel (de)	fio, cabo (m)	['fiu], ['kabu]
bedrading (de)	instalação (f) elétrica	[ĩʃtɐlɐ'sãu e'lɛtrikɐ]

ampère (de)	ampere (m)	[ã'pɛrə]
stroomsterkte (de)	amperagem (f)	[ãpə'raʒē^j]
volt (de)	volt (m)	['vɔltə]
spanning (de)	voltagem (f)	[vɔl'taʒē^j]

| elektrisch toestel (het) | aparelho (m) elétrico | [epɐ'reʎu e'lɛtriku] |
| indicator (de) | indicador (m) | [ĩdikɐ'dor] |

elektricien (de)	eletricista (m)	[elɛtri'siʃtɐ]
solderen (ww)	soldar (vt)	[sol'dar]
soldeerbout (de)	ferro (m) de soldar	['fɛʀu də sol'dar]
stroom (de)	corrente (f) elétrica	[ku'ʀētə e'lɛtrikɐ]

104. Gereedschappen

| werktuig (stuk gereedschap) | ferramenta (f) | [fɐʀɐ'mētɐ] |
| gereedschap (het) | ferramentas (f pl) | [fɐʀɐ'mētɐʃ] |

uitrusting (de)	equipamento (m)	[ekipɐ'mẽtu]
hamer (de)	martelo (m)	[mɐr'tɛlu]
schroevendraaier (de)	chave (f) de fendas	['ʃavɐ dɐ 'fẽdɐʃ]
bijl (de)	machado (m)	[mɐ'ʃadu]

zaag (de)	serra (f)	['sɛʀɐ]
zagen (ww)	serrar (vt)	[sɐ'ʀar]
schaaf (de)	plaina (f)	['plajnɐ]
schaven (ww)	aplainar (vt)	[ɐplaj'nar]
soldeerbout (de)	ferro (m) de soldar	['fɛʀu dɐ sol'dar]
solderen (ww)	soldar (vt)	[sol'dar]

vijl (de)	lima (f)	['limɐ]
nijptang (de)	tenaz (f)	[tɐ'naʃ]
combinatietang (de)	alicate (m)	[ɐli'katɐ]
beitel (de)	formão (m)	[fur'mãu]

boorkop (de)	broca (f)	['bɾɔkɐ]
boormachine (de)	berbequim (f)	[bɐrbɐ'kĩ]
boren (ww)	furar (vt)	[fu'rar]

| mes (het) | faca (f) | ['fakɐ] |
| lemmet (het) | lâmina (f) | ['lɐminɐ] |

scherp (bijv. ~ mes)	afiado	[ɐ'fjadu]
bot (bn)	cego	['sɛgu]
bot raken (ww)	embotar-se (vr)	[ẽbu'tarsɐ]
slijpen (een mes ~)	afiar, amolar (vt)	[ɐ'fjar], [ɐmu'lar]

bout (de)	parafuso (m)	[pɐɐ'fuzu]
moer (de)	porca (f)	['pɔrkɐ]
schroefdraad (de)	rosca (f)	['ʀoʃkɐ]
houtschroef (de)	parafuso (m) para madeira	[pɐɐ'fuzu 'pɐɐ mɐ'dɐjɾɐ]

| spijker (de) | prego (m) | ['pregu] |
| kop (de) | cabeça (f) do prego | [kɐ'besɐ du 'pregu] |

liniaal (de/het)	régua (f)	['ʀɛguɐ]
rolmeter (de)	fita (f) métrica	['fitɐ 'mɛtrikɐ]
waterpas (de/het)	nível (m)	['nivɛl]
loep (de)	lupa (f)	['lupɐ]

meetinstrument (het)	medidor (m)	[mɐdi'dor]
opmeten (ww)	medir (vt)	[mɐ'dir]
schaal (meetschaal)	escala (f)	[ɐ'ʃkalɐ]
gegevens (mv.)	indicação (f), registo (m)	[ĩdikɐ'sãu], [ʀɐ'ʒiʃtu]

| compressor (de) | compressor (m) | [kõprɐ'sor] |
| microscoop (de) | microscópio (m) | [mikrɔ'ʃkɔpiu] |

pomp (de)	bomba (f)	['bõbɐ]
robot (de)	robô (m)	[ʀo'bo]
laser (de)	laser (m)	['lejzɐr]

| moersleutel (de) | chave (f) de boca | ['ʃavɐ dɐ 'bokɐ] |
| plakband (de) | fita (f) adesiva | ['fitɐ ɐdɐ'zivɐ] |

lijm (de)	cola (f)	['kɔlɐ]
schuurpapier (het)	lixa (f)	['liʃɐ]
veer (de)	mola (f)	['mɔlɐ]
magneet (de)	íman (m)	['imɐn]
handschoenen (mv.)	luvas (f pl)	['luvɐʃ]

touw (bijv. henneptouw)	corda (f)	['kɔrdɐ]
snoer (het)	cordel (m)	[kur'dɛl]
draad (de)	fio (m)	['fiu]
kabel (de)	cabo (m)	['kabu]

moker (de)	marreta (f)	[mɐ'ʀɛtɐ]
breekijzer (het)	pé de cabra (m)	[pɛ də 'kabrɐ]
ladder (de)	escada (f) de mão	[ə'ʃkadɐ də 'mãu]
trapje (inklapbaar ~)	escadote (m)	[əʃkɐ'dɔtə]

aanschroeven (ww)	enroscar (vt)	[ẽʀu'ʃkar]
losschroeven (ww)	desenroscar (vt)	[dəzẽʀu'ʃkar]
dichtpersen (ww)	apertar (vt)	[epər'tar]
vastlijmen (ww)	colar (vt)	[ku'lar]
snijden (ww)	cortar (vt)	[kur'tar]

defect (het)	falha (f)	['faʎɐ]
reparatie (de)	conserto (m)	[kõ'sɛrtu]
repareren (ww)	consertar, reparar (vt)	[kõsər'tar], [ʀɐpɐ'rar]
regelen (een machine ~)	regular, ajustar (vt)	[ʀɐgu'lar], [ɐʒu'ʃtar]

checken (ww)	verificar (vt)	[vərifi'kar]
controle (de)	verificação (f)	[vərifikɐ'sãu]
gegevens (mv.)	indicação (f), registo (m)	[ĩdikɐ'sãu], [ʀɐ'ʒiʃtu]

degelijk (bijv. ~ machine)	seguro	[sə'guru]
ingewikkeld (bn)	complicado	[kõpli'kadu]

roesten (ww)	enferrujar (vi)	[ẽfəʀu'ʒar]
roestig (bn)	enferrujado	[ẽfəʀu'ʒadu]
roest (de/het)	ferrugem (f)	[fə'ʀuʒẽⁱ]

Vervoer

105. Vliegtuig

vliegtuig (het)	avião (m)	[ɐ'vjãu]
vliegticket (het)	bilhete (m) de avião	[bi'ʎetə də ɐ'vjãu]
luchtvaartmaatschappij (de)	companhia (f) aérea	[kõpɐ'ɲiɐ ɐ'ɛriɐ]
luchthaven (de)	aeroporto (m)	[ɛɛrɔ'portu]
supersonisch (bn)	supersónico	[supər'sɔniku]
gezagvoerder (de)	comandante (m) do avião	[kumã'dãtə du ɐ'vjãu]
bemanning (de)	tripulação (f)	[tripule'sãu]
piloot (de)	piloto (m)	[pi'lotu]
stewardess (de)	hospedeira (f) de bordo	[ɔʃpə'dɐjrɐ də 'bɔrdu]
stuurman (de)	copiloto (m)	[kopi'lotu]
vleugels (mv.)	asas (f pl)	['azɐʃ]
staart (de)	cauda (f)	['kaudɐ]
cabine (de)	cabine (f)	[kɐ'binɐ]
motor (de)	motor (m)	[mu'tor]
landingsgestel (het)	trem (m) de aterragem	[trẽ' də ɐtɐ'ʀaʒẽ']
turbine (de)	turbina (f)	[tur'binɐ]
propeller (de)	hélice (f)	['ɛlisə]
zwarte doos (de)	caixa-preta (f)	['kaɪʃɐ 'pretɐ]
stuur (het)	coluna (f) de controlo	[ku'lunɐ də kõ'trolu]
brandstof (de)	combustível (m)	[kõbu'ʃtivɛl]
veiligheidskaart (de)	instruções (f pl) de segurança	[ĩʃtru'soɪʃ də səgu'rãsɐ]
zuurstofmasker (het)	máscara (f) de oxigénio	['maʃkɐrɐ də ɔksi'ʒɛniu]
uniform (het)	uniforme (m)	[uni'fɔrmə]
reddingsvest (de)	colete (m) salva-vidas	[ku'letə 'salvɐ 'vidɐʃ]
parachute (de)	paraquedas (m)	[pɐrɐ'kɛdɐʃ]
opstijgen (het)	descolagem (f)	[dəʃku'laʒẽ']
opstijgen (ww)	descolar (vi)	[dəʃku'lar]
startbaan (de)	pista (f) de descolagem	['piʃtɐ də dəʃku'laʒẽ']
zicht (het)	visibilidade (f)	[vizibili'dadə]
vlucht (de)	voo (m)	['vou]
hoogte (de)	altura (f)	[al'turɐ]
luchtzak (de)	poço (m) de ar	['posu də 'ar]
plaats (de)	assento (m)	[ɐ'sẽtu]
koptelefoon (de)	auscultadores (m pl)	[auʃkulte'dorəʃ]
tafeltje (het)	mesa (f) rebatível	['mezɐ ʀɐbɐ'tivɛl]
venster (het)	vigia (f)	[vi'ʒiɐ]
gangpad (het)	passagem (f)	[pɐ'saʒẽ']

106. Trein

trein (de)	comboio (m)	[kõ'boju]
elektrische trein (de)	comboio (m) suburbano	[kõ'boju subur'benu]
sneltrein (de)	comboio (m) rápido	[kõ'boju 'rapidu]
diesellocomotief (de)	locomotiva (f) diesel	[lukumu'tivɐ 'dizɛl]
stoomlocomotief (de)	locomotiva (f) a vapor	[lukumu'tivɐ ɐ vɐ'por]
rijtuig (het)	carruagem (f)	[keʀu'aʒẽʲ]
restauratierijtuig (het)	carruagem restaurante (f)	[keʀu'aʒẽʲ ʀɐʃtau'rãtɐ]
rails (mv.)	carris (m pl)	[ke'ʀiʃ]
spoorweg (de)	caminho de ferro (m)	[ke'miɲu dɐ 'fɛʀu]
dwarsligger (de)	travessa (f)	[tre'vɛsɐ]
perron (het)	plataforma (f)	[plɐtɐ'fɔrmɐ]
spoor (het)	linha (f)	['liɲɐ]
semafoor (de)	semáforo (m)	[sɐ'mafuru]
halte (bijv. kleine treinhalte)	estação (f)	[ɐʃtɐ'sãu]
machinist (de)	maquinista (m)	[mɐki'niʃtɐ]
kruier (de)	bagageiro (m)	[bɐgɐ'ʒejru]
conducteur (de)	hospedeiro, -a (m, f)	[ɔʃpɐ'dejru, -ɐ]
passagier (de)	passageiro (m)	[pɐsɐ'ʒejru]
controleur (de)	revisor (m)	[ʀɐvi'zor]
gang (in een trein)	corredor (m)	[kuʀɐ'dor]
noodrem (de)	freio (m) de emergência	['frɐju dɐ emɐr'ʒẽsiɐ]
coupé (de)	compartimento (m)	[kõpɐrti'mẽtu]
bed (slaapplaats)	cama (f)	['kɐmɐ]
bovenste bed (het)	cama (f) de cima	['kɐmɐ dɐ 'simɐ]
onderste bed (het)	cama (f) de baixo	['kɐmɐ dɐ 'baiʃu]
beddengoed (het)	roupa (f) de cama	['ʀopɐ dɐ 'kɐmɐ]
kaartje (het)	bilhete (m)	[bi'ʎetɐ]
dienstregeling (de)	horário (m)	[ɔ'rariu]
informatiebord (het)	painel (m) de informação	[paj'nɛl dɐ ĩfurmɐ'sãu]
vertrekken (De trein vertrekt …)	partir (vt)	[pɐr'tir]
vertrek (ov. een trein)	partida (f)	[pɐr'tidɐ]
aankomen (ov. de treinen)	chegar (vi)	[ʃɐ'gar]
aankomst (de)	chegada (f)	[ʃɐ'gadɐ]
aankomen per trein	chegar de comboio	[ʃɐ'gar dɐ kõ'boju]
in de trein stappen	apanhar o comboio	[ɐpɐ'ɲar u kõ'boju]
uit de trein stappen	sair do comboio	[sɐ'ir du kõ'boju]
treinwrak (het)	acidente (m) ferroviário	[ɐsi'dẽtɐ fɛʀɔ'vjariu]
ontspoord zijn	descarrilar (vi)	[dɐʃkeʀi'lar]
stoomlocomotief (de)	locomotiva (f) a vapor	[lukumu'tivɐ ɐ vɐ'por]
stoker (de)	fogueiro (m)	[fu'gejru]
stookplaats (de)	fornalha (f)	[fur'naʎɐ]
steenkool (de)	carvão (m)	[ker'vãu]

107. Schip

schip (het)	navio (m)	[nɐ'viu]
vaartuig (het)	embarcação (f)	[ẽbɐrkɐ'sãu]
stoomboot (de)	vapor (m)	[vɐ'por]
motorschip (het)	navio (m)	[nɐ'viu]
lijnschip (het)	transatlântico (m)	[trãzɐt'lãtiku]
kruiser (de)	cruzador (m)	[kruzɐ'dor]
jacht (het)	iate (m)	['jatə]
sleepboot (de)	rebocador (m)	[ʀɐbukɐ'dor]
duwbak (de)	barcaça (f)	[bɐr'kasɐ]
ferryboot (de)	ferry (m)	['fɛʀi]
zeilboot (de)	veleiro (m)	[vɐ'lejru]
brigantijn (de)	bergantim (m)	[bɐrgã'tĩ]
ijsbreker (de)	quebra-gelo (m)	['kɛbrɐ 'ʒɛlu]
duikboot (de)	submarino (m)	[submɐ'rinu]
boot (de)	bote, barco (m)	['bɔtə], ['barku]
sloep (de)	bote, dingue (m)	['bɔtə], ['dĩgə]
reddingssloep (de)	bote (m) salva-vidas	['bɔtə 'salvɐ 'vidɐʃ]
motorboot (de)	lancha (f)	['lãʃɐ]
kapitein (de)	capitão (m)	[kɐpi'tãu]
zeeman (de)	marinheiro (m)	[mɐri'ɲejru]
matroos (de)	marujo (m)	[mɐ'ruʒu]
bemanning (de)	tripulação (f)	[tripulɐ'sãu]
bootsman (de)	contramestre (m)	[kõtrɐ'mɛʃtrə]
scheepsjongen (de)	grumete (m)	[gru'mɛtə]
kok (de)	cozinheiro (m) de bordo	[kuzi'ɲejru də 'bɔrdu]
scheepsarts (de)	médico (m) de bordo	['mɛdiku də 'bɔrdu]
dek (het)	convés (m)	[kõ'vɛʃ]
mast (de)	mastro (m)	['maʃtru]
zeil (het)	vela (f)	['vɛlɐ]
ruim (het)	porão (m)	[pu'rãu]
voorsteven (de)	proa (f)	['proɐ]
achtersteven (de)	popa (f)	['popɐ]
roeispaan (de)	remo (m)	['ʀɛmu]
schroef (de)	hélice (f)	['ɛlisə]
kajuit (de)	camarote (m)	[kɐmɐ'rɔtə]
officierskamer (de)	sala (f) dos oficiais	['salɐ duʃ ɔfi'sjaɪʃ]
machinekamer (de)	sala (f) das máquinas	['salɐ dɐʃ 'makinɐʃ]
brug (de)	ponte (m) de comando	['põtə də ku'mãdu]
radiokamer (de)	sala (f) de comunicações	['salɐ də kumunikɐ'sõʃ]
radiogolf (de)	onda (f)	['õdɐ]
logboek (het)	diário (m) de bordo	[di'ariu də 'bɔrdu]
verrekijker (de)	luneta (f)	[lu'nɛtɐ]
klok (de)	sino (m)	['sinu]

vlag (de)	bandeira (f)	[bã'dɐjrɐ]
kabel (de)	cabo (m)	['kabu]
knoop (de)	nó (m)	[nɔ]

| leuning (de) | corrimão (m) | [kuʀi'mãu] |
| trap (de) | prancha (f) de embarque | ['prãʃɐ də ẽ'barkə] |

anker (het)	âncora (f)	['ãkuɾɐ]
het anker lichten	recolher a âncora	[ʀəku'ʎeɾ ɐ 'ãkuɾɐ]
het anker neerlaten	lançar a âncora	[lã'saɾ ɐ 'ãkuɾɐ]
ankerketting (de)	amarra (f)	[ɐ'maɾɐ]

haven (bijv. containerhaven)	porto (m)	['portu]
kaai (de)	cais, amarradouro (m)	[kaɪʃ], [ɐmɐʀɐ'doɾu]
aanleggen (ww)	atracar (vi)	[ɐtɾɐ'kaɾ]
wegvaren (ww)	desatracar (vi)	[dəzɐtɾɐ'kaɾ]

reis (de)	viagem (f)	['vjaʒẽⁱ]
cruise (de)	cruzeiro (m)	[kru'zɐjɾu]
koers (de)	rumo (m), rota (f)	['ʀumu], ['ʀɔtɐ]
route (de)	itinerário (m)	[itinə'rariu]

vaarwater (het)	canal (m) navegável	[kɐ'nal nɐvə'gavɛl]
zandbank (de)	banco (m) de areia	['bãku də ɐ'ɾɐjɐ]
stranden (ww)	encalhar (vt)	[ẽkɐ'ʎaɾ]

storm (de)	tempestade (f)	[tẽpə'ʃtadə]
signaal (het)	sinal (m)	[si'nal]
zinken (ov. een boot)	afundar-se (vr)	[ɐfũ'darsə]
Man overboord!	Homem ao mar!	['ɔmẽⁱ 'au 'maɾ]
SOS (noodsignaal)	SOS	[ɛsəo 'ɛsə]
reddingsboei (de)	boia (f) salva-vidas	['bɔjɐ 'salvɐ 'vidɐʃ]

108. Vliegveld

luchthaven (de)	aeroporto (m)	[ɐɛɾo'portu]
vliegtuig (het)	avião (m)	[ɐ'vjãu]
luchtvaartmaatschappij (de)	companhia (f) aérea	[kõpɐ'ɲiɐ ɐ'ɛɾiɐ]
luchtverkeersleider (de)	controlador (m) de tráfego aéreo	[kõtɾulɐ'dor də 'trafəgu ɐ'ɛɾiu]

vertrek (het)	partida (f)	[pɐr'tidɐ]
aankomst (de)	chegada (f)	[ʃə'gadɐ]
aankomen (per vliegtuig)	chegar (vi)	[ʃə'gaɾ]

| vertrektijd (de) | hora (f) de partida | ['ɔɾɐ də pɐr'tidɐ] |
| aankomstuur (het) | hora (f) de chegada | ['ɔɾɐ də ʃə'gadɐ] |

| vertraagd zijn (ww) | estar atrasado | [ɐ'ʃtar ɐtɾɐ'zadu] |
| vluchtvertraging (de) | atraso (m) de voo | [ɐ'trazu də 'vou] |

informatiebord (het)	painel (m) de informação	[paj'nɛl də ĩfuɾmɐ'sãu]
informatie (de)	informação (f)	[ĩfuɾmɐ'sãu]
aankondigen (ww)	anunciar (vt)	[ɐnũ'sjaɾ]

vlucht (bijv. KLM ~)	voo (m)	['vou]
douane (de)	alfândega (f)	[alˈfãdəgɐ]
douanier (de)	funcionário (m) da alfândega	[fũsiuˈnariu dɐ alˈfãdəgɐ]

douaneaangifte (de)	declaração (f) alfandegária	[dəklɐɾɐˈsãu alfãdəˈgariɐ]
invullen (douaneaangifte ~)	preencher (vt)	[priëˈʃer]
een douaneaangifte invullen	preencher a declaração	[priëˈʃer ɐ dəklɐɾɐˈsãu]
paspoortcontrole (de)	controlo (m) de passaportes	[kõˈtrolu də pasɐˈpɔrtəʃ]

bagage (de)	bagagem (f)	[bɐˈgaʒɐ̃ĭ]
handbagage (de)	bagagem (f) de mão	[bɐˈgaʒɐ̃ĭ də ˈmãu]
bagagekarretje (het)	carrinho (m)	[kɐˈɾiɲu]

landing (de)	aterragem (f)	[ɐtəˈʀaʒɐ̃ĭ]
landingsbaan (de)	pista (f) de aterragem	[ˈpiʃtɐ də ɐtəˈʀaʒɐ̃ĭ]
landen (ww)	aterrar (vi)	[ɐtəˈʀaɾ]
vliegtuigtrap (de)	escada (f) de avião	[əˈʃkadɐ də ɐˈvjãu]

inchecken (het)	check-in (m)	[ʃɛˈkin]
incheckbalie (de)	balcão (m) do check-in	[balˈkãu du ʃɛˈkin]
inchecken (ww)	fazer o check-in	[fɐˈzer u ʃɛˈkin]
instapkaart (de)	cartão (m) de embarque	[kɐrˈtãu də ẽˈbarkə]
gate (de)	porta (f) de embarque	[ˈpɔrtɐ də ẽˈbarkə]

transit (de)	trânsito (m)	[ˈtrãzitu]
wachten (ww)	esperar (vi, vt)	[əʃpəˈrar]
wachtzaal (de)	sala (f) de espera	[ˈsalɐ də əˈʃpɛɾɐ]
begeleiden (uitwuiven)	despedir-se de ...	[dəʃpəˈdirsə də]
afscheid nemen (ww)	despedir-se (vr)	[dəʃpəˈdirsə]

Gebeurtenissen in het leven

109. Vakanties. Evenement

feest (het)	festa (f)	['fɛʃtə]
nationale feestdag (de)	festa (f) nacional	['fɛʃtə nɐsiu'nal]
feestdag (de)	feriado (m)	[fə'rjadu]
herdenken (ww)	festejar (vt)	[fəʃtə'ʒar]

gebeurtenis (de)	evento (m)	[e'vẽtu]
evenement (het)	evento (m)	[e'vẽtu]
banket (het)	banquete (m)	[bã'ketə]
receptie (de)	receção (f)	[ʀɐsɛ'sãu]
feestmaal (het)	festim (m)	[fə'ʃtĩ]

verjaardag (de)	aniversário (m)	[ɐnivər'sariu]
jubileum (het)	jubileu (m)	[ʒubi'leu]
vieren (ww)	celebrar (vt)	[sələ'brar]

Nieuwjaar (het)	Ano (m) Novo	['ɐnu 'novu]
Gelukkig Nieuwjaar!	Feliz Ano Novo!	[fə'liʃ 'ɐnu 'novu]
Sinterklaas (de)	Pai (m) Natal	[paj nɐ'tal]

Kerstfeest (het)	Natal (m)	[nɐ'tal]
Vrolijk kerstfeest!	Feliz Natal!	[fə'liʃ nɐ'tal]
kerstboom (de)	árvore (f) de Natal	['arvurə də nɐ'tal]
vuurwerk (het)	fogo (m) de artifício	['fogu də ɐrti'fisiu]

bruiloft (de)	boda (f)	['bodə]
bruidegom (de)	noivo (m)	['nojvu]
bruid (de)	noiva (f)	['nojvə]

uitnodigen (ww)	convidar (vt)	[kõvi'dar]
uitnodigingskaart (de)	convite (m)	[kõ'vitə]

gast (de)	convidado (m)	[kõvi'dadu]
op bezoek gaan	visitar (vt)	[vizi'tar]
gasten verwelkomen	receber os hóspedes	[ʀɐsə'ber uʃ 'ɔʃpədəʃ]

geschenk, cadeau (het)	presente (m)	[prə'zẽtə]
geven (iets cadeau ~)	oferecer (vt)	[ɔfərə'ser]
geschenken ontvangen	receber presentes	[ʀɐsə'ber prə'zẽtəʃ]
boeket (het)	ramo (m) de flores	['ʀɐmu də 'florəʃ]

felicitaties (mv.)	felicitações (f pl)	[fəlisitɐ'sõʃ]
feliciteren (ww)	felicitar (vt)	[fəlisi'tar]

wenskaart (de)	cartão (m) de parabéns	[ker'tãu də perɐ'bẽjʃ]
een kaartje versturen	enviar um postal	[ẽ'vjar ũ pu'ʃtal]
een kaartje ontvangen	receber um postal	[ʀɐsə'ber ũ pu'ʃtal]

toast (de)	brinde (m)	['brĩdə]
aanbieden (een drankje ~)	oferecer (vt)	[ɔfərə'ser]
champagne (de)	champanhe (m)	[ʃã'pɐɲə]
plezier hebben (ww)	divertir-se (vr)	[divər'tirsə]
plezier (het)	diversão (f)	[divər'sãu]
vreugde (de)	alegria (f)	[ɐlə'griɐ]
dans (de)	dança (f)	['dãsɐ]
dansen (ww)	dançar (vi)	[dã'sar]
wals (de)	valsa (f)	['valsɐ]
tango (de)	tango (m)	['tãgu]

110. Begrafenissen. Begrafenis

kerkhof (het)	cemitério (m)	[səmi'tɛriu]
graf (het)	sepultura (f), túmulo (m)	[səpul'turɐ], ['tumulu]
kruis (het)	cruz (f)	[kruʃ]
grafsteen (de)	lápide (f)	['lapidə]
omheining (de)	cerca (f)	['serkɐ]
kapel (de)	capela (f)	[kɐ'pɛlɐ]
dood (de)	morte (f)	['mɔrtə]
sterven (ww)	morrer (vi)	[mu'ʀer]
overledene (de)	defunto (m)	[də'fũtu]
rouw (de)	luto (m)	['lutu]
begraven (ww)	enterrar, sepultar (vt)	[ẽtə'ʀar], [səpul'tar]
begrafenisonderneming (de)	agência (f) funerária	[ɐ'ʒẽsiɐ funə'rariɐ]
begrafenis (de)	funeral (m)	[funə'ral]
krans (de)	coroa (f) de flores	[ku'roɐ də 'florəʃ]
doodskist (de)	caixão (m)	[kaɪ'ʃãu]
lijkwagen (de)	carro (m) funerário	['kaʀu funə'rariu]
lijkkleed (de)	mortalha (f)	[mur'taʎɐ]
begrafenisstoet (de)	procissão (f) funerária	[prusi'sãu funə'rariɐ]
urn (de)	urna (f) funerária	['urnɐ funə'rariɐ]
crematorium (het)	crematório (m)	[krəmɐ'tɔriu]
overlijdensbericht (het)	obituário (m), necrologia (f)	[ɔbitu'ariu], [nəkrulu'ʒiɐ]
huilen (wenen)	chorar (vi)	[ʃu'rar]
snikken (huilen)	soluçar (vi)	[sulu'sar]

111. Oorlog. Soldaten

peloton (het)	pelotão (m)	[pəlu'tãu]
compagnie (de)	companhia (f)	[kõpɐ'ɲiɐ]
regiment (het)	regimento (m)	[ʀəʒi'mẽtu]
leger (armee)	exército (m)	[e'zɛrsitu]
divisie (de)	divisão (f)	[divi'zãu]

| sectie (de) | destacamento (m) | [dəʃteke'mẽtu] |
| troep (de) | hoste (f) | ['ɔʃtə] |

| soldaat (militair) | soldado (m) | [sol'dadu] |
| officier (de) | oficial (m) | [ɔfi'sjal] |

soldaat (rang)	soldado (m) raso	[sol'dadu 'ʀazu]
sergeant (de)	sargento (m)	[sɐr'ʒẽtu]
luitenant (de)	tenente (m)	[tə'nẽtə]
kapitein (de)	capitão (m)	[kɐpi'tãu]
majoor (de)	major (m)	[mɐ'ʒɔr]
kolonel (de)	coronel (m)	[kuru'nɛl]
generaal (de)	general (m)	[ʒɐnə'ral]

matroos (de)	marujo (m)	[mɐ'ruʒu]
kapitein (de)	capitão (m)	[kɐpi'tãu]
bootsman (de)	contramestre (m)	[kõtrɐ'mɛʃtrə]
artillerist (de)	artilheiro (m)	[ɐrti'ʎejru]
valschermjager (de)	soldado (m) paraquedista	[sol'dadu pɐrɐkə'diʃtə]
piloot (de)	piloto (m)	[pi'lotu]
stuurman (de)	navegador (m)	[nɐvɐgɐ'dor]
mecanicien (de)	mecânico (m)	[mə'keniku]

sappeur (de)	sapador (m)	[sɐpɐ'dor]
parachutist (de)	paraquedista (m)	[pɐrɐkə'diʃtə]
verkenner (de)	explorador (m)	[əʃplurɐ'dor]
scherpschutter (de)	franco-atirador (m)	['frãkɔ ɐtirɐ'dor]

patrouille (de)	patrulha (f)	[pɐ'truʎɐ]
patrouilleren (ww)	patrulhar (vt)	[pɐtru'ʎar]
wacht (de)	sentinela (f)	[sẽti'nɛlɐ]
krijger (de)	guerreiro (m)	[gɐ'ʀejru]
patriot (de)	patriota (m)	[pɐtri'ɔtə]
held (de)	herói (m)	[e'rɔj]
heldin (de)	heroína (f)	[eru'inɐ]

| verrader (de) | traidor (m) | [traj'dor] |
| verraden (ww) | trair (vt) | [trɐ'ir] |

| deserteur (de) | desertor (m) | [dəzɐr'tor] |
| deserteren (ww) | desertar (vt) | [dəzɐr'tar] |

huurling (de)	mercenário (m)	[mɐrsə'nariu]
rekruut (de)	recruta (m)	[ʀɐ'krutɐ]
vrijwilliger (de)	voluntário (m)	[vulũ'tariu]

gedode (de)	morto (m)	['mortu]
gewonde (de)	ferido (m)	[fə'ridu]
krijgsgevangene (de)	prisioneiro (m) de guerra	[priziu'nejru də 'gɛʀɐ]

112. Oorlog. Militaire acties. Deel 1

| oorlog (de) | guerra (f) | ['gɛʀɐ] |
| oorlog voeren (ww) | guerrear (vt) | [gɛʀɐ'ar] |

burgeroorlog (de)	guerra (f) civil	['gɛʀɐ si'vil]
achterbaks (bw)	perfidamente	[pɐrfide'mẽtə]
oorlogsverklaring (de)	declaração (f) de guerra	[dəklɐʀɐ'sãu də 'gɛʀɐ]
verklaren (de oorlog ~)	declarar (vt) guerra	[dəklɐ'rar 'gɛʀɐ]
agressie (de)	agressão (f)	[ɐgrɐ'sãu]
aanvallen (binnenvallen)	atacar (vt)	[ɐtɐ'kar]

binnenvallen (ww)	invadir (vt)	[ĩva'dir]
invaller (de)	invasor (m)	[ĩva'zor]
veroveraar (de)	conquistador (m)	[kõkiʃtɐ'dor]

verdediging (de)	defesa (f)	[də'fezə]
verdedigen (je land ~)	defender (vt)	[dəfẽ'der]
zich verdedigen (ww)	defender-se (vr)	[dəfẽ'dersə]

vijand (de)	inimigo (m)	[ini'migu]
tegenstander (de)	adversário (m)	[ɐdvər'sariu]
vijandelijk (bn)	inimigo	[ini'migu]

strategie (de)	estratégia (f)	[əʃtrɐ'tɛʒiɐ]
tactiek (de)	tática (f)	['tatikɐ]

order (de)	ordem (f)	['ɔrdẽ']
bevel (het)	comando (m)	[ku'mãdu]
bevelen (ww)	ordenar (vt)	[ɔrdə'nar]
opdracht (de)	missão (f)	[mi'sãu]
geheim (bn)	secreto	[sə'krɛtu]

veldslag (de)	batalha (f)	[bɐ'taʎɐ]
strijd (de)	combate (m)	[kõ'batə]

aanval (de)	ataque (m)	[ɐ'takə]
bestorming (de)	assalto (m)	[ɐ'saltu]
bestormen (ww)	assaltar (vt)	[ɐsal'tar]
bezetting (de)	assédio, sítio (m)	[ɐ'sɛdiu], ['sitiu]

aanval (de)	ofensiva (f)	[ɔfẽ'sivɐ]
in het offensief te gaan	passar à ofensiva	[pɐ'sar a ɔfẽ'sivɐ]

terugtrekking (de)	retirada (f)	[ʀɐti'radɐ]
zich terugtrekken (ww)	retirar-se (vr)	[ʀɐti'rarsə]

omsingeling (de)	cerco (m)	['serku]
omsingelen (ww)	cercar (vt)	[sər'kar]

bombardement (het)	bombardeio (m)	[bõbɐr'dɐju]
een bom gooien	lançar uma bomba	[lã'sar 'umɐ 'bõbɐ]
bombarderen (ww)	bombardear (vt)	[bõbɐr'djar]
ontploffing (de)	explosão (f)	[əʃplu'zãu]

schot (het)	tiro (m)	['tiru]
een schot lossen	disparar um tiro	[diʃpɐ'rar ũ 'tiru]
schieten (het)	tiroteio (m)	[tiru'tɐju]

mikken op (ww)	apontar para ...	[ɐpõ'tar 'pɐrɐ]
aanleggen (een wapen ~)	apontar (vt)	[ɐpõ'tar]

treffen (doelwit ~)	acertar (vt)	[esər'tar]
zinken (tot zinken brengen)	afundar (vt)	[efŭ'dar]
kogelgat (het)	brecha (f)	['brɛʃe]
zinken (gezonken zijn)	afundar-se (vr)	[efŭ'darsə]

front (het)	frente (m)	['frẽtə]
evacuatie (de)	evacuação (f)	[evekuɐ'sãu]
evacueren (ww)	evacuar (vt)	[eveku'ar]

loopgraaf (de)	trincheira (f)	[trĩ'ʃejre]
prikkeldraad (de)	arame (m) farpado	[e'reme fer'padu]
verdedigingsobstakel (het)	obstáculo (m) anticarro	[ɔb'ʃtakulu ãti'kaʀu]
wachttoren (de)	torre (f) de vigia	['toʀə də vi'ʒie]

hospitaal (het)	hospital (m)	[ɔʃpi'tal]
verwonden (ww)	ferir (vt)	[fə'rir]
wond (de)	ferida (f)	[fə'ride]
gewonde (de)	ferido (m)	[fə'ridu]
gewond raken (ww)	ficar ferido	[fi'kar fə'ridu]
ernstig (~e wond)	grave	['gravə]

113. Oorlog. Militaire acties. Deel 2

krijgsgevangenschap (de)	cativeiro (m)	[keti'vejru]
krijgsgevangen nemen	capturar (vt)	[kaptu'rar]
krijgsgevangene zijn	estar em cativeiro	[e'ʃtar ẽ keti'vejru]
krijgsgevangen genomen worden	ser aprisionado	[ser epriziu'nadu]

concentratiekamp (het)	campo (m) de concentração	['kãpu də kõsẽtre'sãu]
krijgsgevangene (de)	prisioneiro (m) de guerra	[priziu'nejru də 'gɛʀe]
vluchten (ww)	escapar (vi)	[eʃke'par]

verraden (ww)	trair (vt)	[tre'ir]
verrader (de)	traidor (m)	[traj'dor]
verraad (het)	traição (f)	[traj'sãu]

| fusilleren (executeren) | fuzilar, executar (vt) | [fuzi'lar], [ezeku'tar] |
| executie (de) | fuzilamento (m) | [fuzile'mẽtu] |

uitrusting (de)	equipamento (m)	[ekipe'mẽtu]
schouderstuk (het)	platina (f)	[ple'tine]
gasmasker (het)	máscara (f) antigás	['maʃkeʀe ãti'gaʃ]

portofoon (de)	rádio (m)	['ʀadiu]
geheime code (de)	cifra (f), código (m)	['sifre], ['kɔdigu]
samenzwering (de)	conspiração (f)	[kõʃpire'sãu]
wachtwoord (het)	senha (f)	['seɲe]

mijn (landmijn)	mina (f)	['mine]
ondermijnen (legden mijnen)	minar (vt)	[mi'nar]
mijnenveld (het)	campo (m) minado	['kãpu mi'nadu]
luchtalarm (het)	alarme (m) aéreo	[e'larme e'ɛriu]
alarm (het)	alarme (m)	[e'larme]

signaal (het)	sinal (m)	[si'nal]
vuurpijl (de)	sinalizador (m)	[sinɐlizɐ'dor]

staf (generale ~)	estado-maior (m)	[ə'ʃtadu mɐ'jɔr]
verkenning (de)	reconhecimento (m)	[ʀəkuɲəsi'mẽtu]
toestand (de)	situação (f)	[situɐ'sãu]
rapport (het)	relatório (m)	[ʀəlɐ'tɔriu]
hinderlaag (de)	emboscada (f)	[ẽbu'ʃkadɐ]
versterking (de)	reforço (m)	[ʀə'forsu]

doel (bewegend ~)	alvo (m)	['alvu]
proefterrein (het)	campo (m) de tiro	['kãpu də 'tiru]
manoeuvres (mv.)	manobras (f pl)	[mɐ'nɔbrɐʃ]

paniek (de)	pânico (m)	['pɐniku]
verwoesting (de)	devastação (f)	[dəvɐʃtɐ'sãu]
verwoestingen (mv.)	ruínas (f pl)	[ʀu'inɐʃ]
verwoesten (ww)	destruir (vt)	[dəʃtru'ir]

overleven (ww)	sobreviver (vi)	[sobrɐvi'ver]
ontwapenen (ww)	desarmar (vt)	[dəzɐr'mar]
behandelen (een pistool ~)	manusear (vt)	[mɐnu'zjar]

Geeft acht!	Firmes!	['firmɐʃ]
Op de plaats rust!	Descansar!	[dəʃkã'sar]

heldendaad (de)	façanha (f)	[fɐ'sɐɲɐ]
eed (de)	juramento (m)	[ʒurɐ'mẽtu]
zweren (een eed doen)	jurar (vi)	[ʒu'rar]

decoratie (de)	condecoração (f)	[kõdəkurɐ'sãu]
onderscheiden	condecorar (vt)	[kõdəku'rar]
(een ereteken geven)		
medaille (de)	medalha (f)	[mɐ'daʎɐ]
orde (de)	ordem (f)	['ɔrdẽj]

overwinning (de)	vitória (f)	[vi'tɔriɐ]
verlies (het)	derrota (f)	[də'ʀɔtɐ]
wapenstilstand (de)	armistício (m)	[ɐrmi'ʃtisiu]

wimpel (vaandel)	bandeira (f)	[bã'dejrɐ]
roem (de)	glória (f)	['glɔriɐ]
parade (de)	desfile (m) militar	[də'ʃfilə mili'tar]
marcheren (ww)	marchar (vi)	[mɐ'rʃar]

114. Wapens

wapens (mv.)	arma (f)	['armɐ]
vuurwapens (mv.)	arma (f) de fogo	['armɐ də 'fogu]
koude wapens (mv.)	arma (f) branca	['armɐ 'brãkɐ]

chemische wapens (mv.)	arma (f) química	['armɐ 'kimikɐ]
kern-, nucleair (bn)	nuclear	[nuklə'ar]
kernwapens (mv.)	arma (f) nuclear	['armɐ nuklə'ar]

bom (de)	bomba (f)	['bõbɐ]
atoombom (de)	bomba (f) atómica	['bõbɐ ɐ'tɔmikɐ]

pistool (het)	pistola (f)	[pi'ʃtɔlɐ]
geweer (het)	caçadeira (f)	[kɐsɐ'dejrɐ]
machinepistool (het)	pistola-metralhadora (f)	[pi'ʃtɔlɐ mɐtrɐʎɐ'dorɐ]
machinegeweer (het)	metralhadora (f)	[mɐtrɐʎɐ'dorɐ]

loop (schietbuis)	boca (f)	['bokɐ]
loop (bijv. geweer met kortere ~)	cano (m)	['kɐnu]
kaliber (het)	calibre (m)	[kɐ'librɐ]

trekker (de)	gatilho (m)	[gɐ'tiʎu]
korrel (de)	mira (f)	['mirɐ]
magazijn (het)	carregador (m)	[kɐʀɐgɐ'dor]
geweerkolf (de)	coronha (f)	[ku'roɲɐ]

granaat (handgranaat)	granada (f) de mão	[grɐ'nadɐ dɐ 'mãu]
explosieven (mv.)	explosivo (m)	[əʃplu'zivu]

kogel (de)	bala (f)	['balɐ]
patroon (de)	cartucho (m)	[kɐr'tuʃu]
lading (de)	carga (f)	['kargɐ]
ammunitie (de)	munições (f pl)	[muni'sõjʃ]

bommenwerper (de)	bombardeiro (m)	[bõbɐr'dejru]
straaljager (de)	avião (m) de caça	[ɐ'vjãu dɐ 'kasɐ]
helikopter (de)	helicóptero (m)	[eli'kɔptɐru]

afweergeschut (het)	canhão (m) antiaéreo	[kɐ'ɲãu ãtiɐ'ɛriu]
tank (de)	tanque (m)	['tãkɐ]
kanon (tank met een ~ van 76 mm)	canhão (m), peça (f)	[kɐ'ɲãu], ['pɛsɐ]

artillerie (de)	artilharia (f)	[ɐrtiʎɐ'riɐ]
kanon (het)	canhão (m)	[kɐ'ɲãu]
aanleggen (een wapen ~)	fazer a pontaria	[fɐ'zer ɐ põtɐ'riɐ]

projectiel (het)	obus (m)	[ɔ'buʃ]
mortiergranaat (de)	granada (f) de morteiro	[grɐ'nadɐ dɐ mur'tejru]
mortier (de)	morteiro (m)	[mur'tejru]
granaatscherf (de)	estilhaço (m)	[əʃti'ʎasu]

duikboot (de)	submarino (m)	[submɐ'rinu]
torpedo (de)	torpedo (m)	[tur'pɛdu]
raket (de)	míssil (m)	['misil]

laden (geweer, kanon)	carregar (vt)	[kɐʀɐ'gar]
schieten (ww)	atirar, disparar (vi)	[ɐti'rar], [diʃpɐ'rar]
richten op (mikken)	apontar para ...	[ɐpõ'tar 'pɐrɐ]
bajonet (de)	baioneta (f)	[baju'netɐ]

degen (de)	espada (f)	[ə'ʃpadɐ]
sabel (de)	sabre (m)	['sabrɐ]
speer (de)	lança (f)	['lãsɐ]

boog (de)	arco (m)	['arku]
pijl (de)	flecha (f)	['flɛʃɐ]
musket (de)	mosquete (m)	[mu'ʃkɛtə]
kruisboog (de)	besta (f)	['beʃtɐ]

115. Oude mensen

primitief (bn)	primitivo	[primi'tivu]
voorhistorisch (bn)	pré-histórico	[prɛɪ'ʃtɔriku]
eeuwenoude (~ beschaving)	antigo	[ã'tigu]
Steentijd (de)	Idade (f) da Pedra	[i'dadə de 'pɛdrɐ]
Bronstijd (de)	Idade (f) do Bronze	[i'dadə du 'brõzə]
IJstijd (de)	período (m) glacial	[pə'riudu glɐ'sjal]
stam (de)	tribo (f)	['tribu]
menseneter (de)	canibal (m)	[keni'bal]
jager (de)	caçador (m)	[kese'dor]
jagen (ww)	caçar (vi)	[ke'sar]
mammoet (de)	mamute (m)	[me'mutə]
grot (de)	caverna (f)	[ke'vɛrnɐ]
vuur (het)	fogo (m)	['fogu]
kampvuur (het)	fogueira (f)	[fu'gejrɐ]
rotstekening (de)	pintura (f) rupestre	[pĩ'turɐ ʀu'pɛʃtrə]
werkinstrument (het)	ferramenta (f)	[fɐʀɐ'mẽtɐ]
speer (de)	lança (f)	['lãsɐ]
stenen bijl (de)	machado (m) de pedra	[me'ʃadu də 'pɛdrɐ]
oorlog voeren (ww)	guerrear (vt)	[gɛʀə'ar]
temmen (bijv. wolf ~)	domesticar (vt)	[dumeʃti'kar]
idool (het)	ídolo (m)	['idulu]
aanbidden (ww)	adorar, venerar (vt)	[edu'rar], [vɐnə'rar]
bijgeloof (het)	superstição (f)	[supɐrʃti'sãu]
ritueel (het)	ritual (m)	[ʀitu'al]
evolutie (de)	evolução (f)	[evulu'sãu]
ontwikkeling (de)	desenvolvimento (m)	[dɐzẽvɔlvi'mẽtu]
verdwijning (de)	desaparecimento (m)	[dɐzɐpɐrəsi'mẽtu]
zich aanpassen (ww)	adaptar-se (vr)	[edep'tarsə]
archeologie (de)	arqueologia (f)	[erkiulu'ʒiɐ]
archeoloog (de)	arqueólogo (m)	[er'kjɔlugu]
archeologisch (bn)	arqueológico	[erkiu'lɔʒiku]
opgravingsplaats (de)	local (m) das escavações	[lu'kal deʃ əʃkeve'soɪʃ]
opgravingen (mv.)	escavações (f pl)	[əʃkeve'soɪʃ]
vondst (de)	achado (m)	[e'ʃadu]
fragment (het)	fragmento (m)	[fra'gmẽtu]

116. Middeleeuwen

volk (het)	povo (m)	['povu]
volkeren (mv.)	povos (m pl)	['pɔvuʃ]
stam (de)	tribo (f)	['tribu]
stammen (mv.)	tribos (f pl)	['tribuʃ]

barbaren (mv.)	bárbaros (m pl)	['barbɐruʃ]
Galliërs (mv.)	gauleses (m pl)	[gau'lezəʃ]
Goten (mv.)	godos (m pl)	['goduʃ]
Slaven (mv.)	eslavos (m pl)	[ə'ʒlavuʃ]
Vikings (mv.)	víquingues (m pl)	['vikīgəs]

| Romeinen (mv.) | romanos (m pl) | [ʀu'mɐnuʃ] |
| Romeins (bn) | romano | [ʀu'mɐnu] |

Byzantijnen (mv.)	bizantinos (m pl)	[bizã'tinuʃ]
Byzantium (het)	Bizâncio	[bi'zãsiu]
Byzantijns (bn)	bizantino	[bizã'tinu]

keizer (bijv. Romeinse ~)	imperador (m)	[īpɐre'dor]
opperhoofd (het)	líder (m)	['lidɛr]
machtig (bn)	poderoso	[pudə'rozu]
koning (de)	rei (m)	[ʀɐj]
heerser (de)	governante (m)	[guvɐr'nãtə]

ridder (de)	cavaleiro (m)	[kɐvɐ'lɐjru]
feodaal (de)	senhor feudal (m)	[sə'ɲor feu'dal]
feodaal (bn)	feudal	[feu'dal]
vazal (de)	vassalo (m)	[vɐ'salu]

hertog (de)	duque (m)	['dukə]
graaf (de)	conde (m)	['kõdə]
baron (de)	barão (m)	[bɐ'rãu]
bisschop (de)	bispo (m)	['biʃpu]

harnas (het)	armadura (f)	[ɐrmɐ'durɐ]
schild (het)	escudo (m)	[ə'ʃkudu]
zwaard (het)	espada (f)	[ə'ʃpadɐ]
vizier (het)	viseira (f)	[vi'zɐjrɐ]
maliënkolder (de)	cota (f) de malha	['kɔte də 'maʎɐ]

| kruistocht (de) | cruzada (f) | [kru'zadɐ] |
| kruisvaarder (de) | cruzado (m) | [kru'zadu] |

gebied (bijv. bezette ~en)	território (m)	[tɐʀi'tɔriu]
aanvallen (binnenvallen)	atacar (vt)	[ɐte'kar]
veroveren (ww)	conquistar (vt)	[kõki'ʃtar]
innemen (binnenvallen)	ocupar, invadir (vt)	[ɔku'par], [īva'dir]

bezetting (de)	assédio, sítio (m)	[ɐ'sɛdiu], ['sitiu]
belegerd (bn)	sitiado	[si'tjadu]
belegeren (ww)	assediar, sitiar (vt)	[ɐsə'djar], [si'tjar]
inquisitie (de)	inquisição (f)	[īkizi'sãu]
inquisiteur (de)	inquisidor (m)	[īkizi'dor]

foltering (de)	tortura (f)	[tur'turɐ]
wreed (bn)	cruel	[kru'ɛl]
ketter (de)	herege (m)	[e'rɛʒə]
ketterij (de)	heresia (f)	[erɐ'ziɐ]

zeevaart (de)	navegação (f) marítima	[nɐvɐgɐ'sãu mɐ'ritimɐ]
piraat (de)	pirata (m)	[pi'ratɐ]
piraterij (de)	pirataria (f)	[pirɐtɐ'riɐ]
enteren (het)	abordagem (f)	[ɐbur'daʒẽⁱ]
buit (de)	presa (f), butim (m)	['prɛzɐ], [bu'tĩ]
schatten (mv.)	tesouros (m pl)	[tɐ'zoruʃ]

ontdekking (de)	descobrimento (m)	[dɐʃkubri'mẽtu]
ontdekken (bijv. nieuw land)	descobrir (vt)	[dɐʃku'brir]
expeditie (de)	expedição (f)	[ɐʃpɐdi'sãu]

musketier (de)	mosqueteiro (m)	[muʃkɐ'tɐjru]
kardinaal (de)	cardeal (m)	[kɐr'djal]
heraldiek (de)	heráldica (f)	[e'raldikɐ]
heraldisch (bn)	heráldico	[e'raldiku]

117. Leider. Baas. Autoriteiten

koning (de)	rei (m)	[ʀɐj]
koningin (de)	rainha (f)	[ʀɐ'iɲɐ]
koninklijk (bn)	real	[ʀɐ'al]
koninkrijk (het)	reino (m)	['ʀɐjnu]

| prins (de) | príncipe (m) | ['prĩsipə] |
| prinses (de) | princesa (f) | [prĩ'sezə] |

president (de)	presidente (m)	[prɐzi'detə]
vicepresident (de)	vice-presidente (m)	['visə prɐzi'dẽtə]
senator (de)	senador (m)	[sɐnɐ'dor]

monarch (de)	monarca (m)	[mu'narkɐ]
heerser (de)	governante (m)	[guvɐr'nãtɐ]
dictator (de)	ditador (m)	[ditɐ'dor]
tiran (de)	tirano (m)	[ti'rɐnu]
magnaat (de)	magnata (m)	[mɐ'gnatɐ]

directeur (de)	diretor (m)	[dirɛ'tor]
chef (de)	chefe (m)	['ʃɛfə]
beheerder (de)	dirigente (m)	[diri'ʒẽtə]
baas (de)	patrão (m)	[pɐ'trãu]
eigenaar (de)	dono (m)	['donu]

hoofd (bijv. ~ van de delegatie)	chefe (m)	['ʃɛfə]
autoriteiten (mv.)	autoridades (f pl)	[auturi'dadəʃ]
superieuren (mv.)	superiores (m pl)	[supɐ'rjorəʃ]

| gouverneur (de) | governador (m) | [guvɐrnɐ'dor] |
| consul (de) | cônsul (m) | ['kõsul] |

diplomaat (de)	diplomata (m)	[diplu'matə]
burgemeester (de)	Presidente (m) da Câmara	[prəzi'dētə dɐ 'kɐmɐrɐ]
sheriff (de)	xerife (m)	[ʃɛ'rifə]

keizer (bijv. Romeinse ~)	imperador (m)	[ĩpɐrɐ'dor]
tsaar (de)	czar (m)	['kzar]
farao (de)	faraó (m)	[fɐrɐ'ɔ]
kan (de)	cã (m)	['kã]

118. De wet overtreden. Criminelen. Deel 1

bandiet (de)	bandido (m)	[bã'didu]
misdaad (de)	crime (m)	['krimə]
misdadiger (de)	criminoso (m)	[krimi'nozu]

dief (de)	ladrão (m)	[lɐ'drãu]
stelen (ww)	roubar (vt)	[ro'bar]
stelen (de)	furto (m)	['furtu]
diefstal (de)	furto (m)	['furtu]

kidnappen (ww)	raptar (vt)	[rɐp'tar]
kidnapping (de)	rapto (m)	['rɐptu]
kidnapper (de)	raptor (m)	[rɐp'tor]

| losgeld (het) | resgate (m) | [rəʒ'gatə] |
| eisen losgeld (ww) | pedir resgate | [pə'dir rəʒ'gatə] |

overvallen (ww)	roubar (vt)	[ro'bar]
overval (de)	assalto, roubo (m)	[ɐ'saltu], ['robu]
overvaller (de)	assaltante (m)	[ɐsal'tãtə]

afpersen (ww)	extorquir (vt)	[əʃtur'kir]
afperser (de)	extorsionário (m)	[əʃtursiu'nariu]
afpersing (de)	extorsão (f)	[əʃtur'sãu]

vermoorden (ww)	matar, assassinar (vt)	[mɐ'tar], [ɐsɐsi'nar]
moord (de)	homicídio (m)	[ɔmi'sidiu]
moordenaar (de)	homicida, assassino (m)	[ɔmi'sidə], [ɐsɐ'sinu]

schot (het)	tiro (m)	['tiru]
een schot lossen	dar um tiro	[dar ũ 'tiru]
neerschieten (ww)	matar a tiro	[mɐ'tar ɐ 'tiru]
schieten (ww)	atirar, disparar (vi)	[ɐti'rar], [diʃpɐ'rar]
schieten (het)	tiroteio (m)	[tiru'tɐju]

ongeluk (gevecht, enz.)	incidente (m)	[ĩsid'ētə]
gevecht (het)	briga (f)	['brigə]
Help!	Socorro!	[su'koru]
slachtoffer (het)	vítima (f)	['vitimə]

beschadigen (ww)	danificar (vt)	[dɐnifi'kar]
schade (de)	dano (m)	['dɐnu]
lijk (het)	cadáver (m)	[kɐ'davɛr]
zwaar (~ misdrijf)	grave	['gravə]

aanvallen (ww)	atacar (vt)	[ete'kar]
slaan (iemand ~)	bater (vt)	[be'ter]
in elkaar slaan (toetakelen)	espancar (vt)	[eʃpä'kar]
ontnemen (beroven)	tirar (vt)	[ti'rar]
steken (met een mes)	esfaquear (vt)	[eʃfe'kjar]
verminken (ww)	mutilar (vt)	[muti'lar]
verwonden (ww)	ferir (vt)	[fe'rir]
chantage (de)	chantagem (f)	[ʃä'taʒẽⁱ]
chanteren (ww)	chantagear (vt)	[ʃäte'ʒjar]
chanteur (de)	chantagista (m)	[ʃäte'ʒiʃte]
afpersing (de)	extorsão (f)	[eʃtur'säu]
afperser (de)	extorsionário (m)	[eʃtursiu'nariu]
gangster (de)	gângster (m)	['gägʃtɛr]
maffia (de)	máfia (f)	['mafie]
kruimeldief (de)	carteirista (m)	[kɐrtej'riʃte]
inbreker (de)	assaltante, ladrão (m)	[ɐsal'täte], [lɐ'dräu]
smokkelen (het)	contrabando (m)	[kõtre'bädu]
smokkelaar (de)	contrabandista (m)	[kõtrɐbä'diʃte]
namaak (de)	falsificação (f)	[falsifike'säu]
namaken (ww)	falsificar (vt)	[falsifi'kar]
namaak-, vals (bn)	falsificado	[falsifi'kadu]

119. De wet overtreden. Criminelen. Deel 2

verkrachting (de)	violação (f)	[viule'säu]
verkrachten (ww)	violar (vt)	[viu'lar]
verkrachter (de)	violador (m)	[viule'dor]
maniak (de)	maníaco (m)	[mɐ'nieku]
prostituee (de)	prostituta (f)	[pruʃti'tute]
prostitutie (de)	prostituição (f)	[pruʃtitui'säu]
pooier (de)	chulo (m)	['ʃulu]
drugsverslaafde (de)	toxicodependente (m)	[tɔksiku·depẽ'dẽte]
drugshandelaar (de)	traficante (m)	[trɐfi'käte]
opblazen (ww)	explodir (vt)	[eʃplu'dir]
explosie (de)	explosão (f)	[eʃplu'zäu]
in brand steken (ww)	incendiar (vt)	[ĩsẽ'djar]
brandstichter (de)	incendiário (m)	[ĩsẽ'djariu]
terrorisme (het)	terrorismo (m)	[teʀu'riʒmu]
terrorist (de)	terrorista (m)	[teʀu'riʃte]
gijzelaar (de)	refém (m)	[ʀe'fẽⁱ]
bedriegen (ww)	enganar (vt)	[ẽgɐ'nar]
bedrog (het)	engano (m)	[ẽ'gɐnu]
oplichter (de)	vigarista (m)	[vigɐ'riʃte]
omkopen (ww)	subornar (vt)	[subur'nar]
omkoperij (de)	suborno (m)	[su'bornu]

smeergeld (het)	suborno (m)	[su'bornu]
vergif (het)	veneno (m)	[və'nenu]
vergiftigen (ww)	envenenar (vt)	[ẽvənə'nar]
vergif innemen (ww)	envenenar-se (vr)	[ẽvənə'narsə]

| zelfmoord (de) | suicídio (m) | [sui'sidiu] |
| zelfmoordenaar (de) | suicida (m) | [sui'sidə] |

bedreigen (bijv. met een pistool)	ameaçar (vt)	[emiɐ'sar]
bedreiging (de)	ameaça (f)	[ɐ'mjasə]
een aanslag plegen	atentar contra a vida de ...	[ɐtẽ'tar 'kõtrɐ ɐ 'vidɐ də]
aanslag (de)	atentado (m)	[ɐtẽ'tadu]

| stelen (een auto) | roubar (vt) | [ʀo'bar] |
| kapen (een vliegtuig) | desviar (vt) | [də'ʒvjar] |

| wraak (de) | vingança (f) | [vĩ'gãsə] |
| wreken (ww) | vingar (vt) | [vĩ'gar] |

martelen (gevangenen)	torturar (vt)	[turtu'rar]
foltering (de)	tortura (f)	[tur'turə]
folteren (ww)	atormentar (vt)	[ɐturmẽ'tar]

piraat (de)	pirata (m)	[pi'ratə]
straatschender (de)	desordeiro (m)	[dəzor'dejru]
gewapend (bn)	armado	[ɐr'madu]
geweld (het)	violência (f)	[viu'lẽsiɐ]
onwettig (strafbaar)	ilegal	[ilə'gal]

| spionage (de) | espionagem (f) | [əʃpiu'naʒẽⁱ] |
| spioneren (ww) | espionar (vi) | [əʃpiu'nar] |

120. Politie. Wet. Deel 1

| justitie (de) | justiça (f) | [ʒu'ʃtisə] |
| gerechtshof (het) | tribunal (m) | [tribu'nal] |

rechter (de)	juiz (m)	[ʒu'iʃ]
jury (de)	jurados (m pl)	[ʒu'raduʃ]
juryrechtspraak (de)	tribunal (m) do júri	[tribu'nal du 'ʒuri]
berechten (ww)	julgar (vt)	[ʒu'lgar]

advocaat (de)	advogado (m)	[ɐdvu'gadu]
beklaagde (de)	réu (m)	['ʀɛu]
beklaagdenbank (de)	banco (m) dos réus	['bãku duʃ 'ʀɛuʃ]

| beschuldiging (de) | acusação (f) | [ɐkuzɐ'sãu] |
| beschuldigde (de) | acusado (m) | [ɐku'zadu] |

vonnis (het)	sentença (f)	[sẽ'tẽsə]
veroordelen (in een rechtszaak)	sentenciar (vt)	[sẽtẽ'sjar]
schuldige (de)	culpado (m)	[kul'padu]

straffen (ww)	punir (vt)	[pu'nir]
bestraffing (de)	punição (f)	[puni'sãu]

boete (de)	multa (f)	['multe]
levenslange opsluiting (de)	prisão (f) perpétua	[pri'zãu pər'pɛtue]
doodstraf (de)	pena (f) de morte	['pene də 'mɔrte]
elektrische stoel (de)	cadeira (f) elétrica	[ke'dejre e'lɛtrike]
schavot (het)	forca (f)	['forke]

executeren (ww)	executar (vt)	[ezeku'tar]
executie (de)	execução (f)	[ezeku'sãu]

gevangenis (de)	prisão (f)	[pri'zãu]
cel (de)	cela (f) de prisão	['sɛle də pri'zãu]

konvooi (het)	escolta (f)	[ə'jkɔlte]
gevangenisbewaker (de)	guarda (m) prisional	[gu'arde priziu'nal]
gedetineerde (de)	preso (m)	['prezu]

handboeien (mv.)	algemas (f pl)	[al'ʒemeʃ]
handboeien omdoen	algemar (vt)	[aʧe'mar]

ontsnapping (de)	fuga, evasão (f)	['fuge], [eve'zãu]
ontsnappen (ww)	fugir (vi)	[fu'ʒir]
verdwijnen (ww)	desaparecer (vi)	[dezepere'ser]
vrijlaten (uit de gevangenis)	soltar, libertar (vt)	[sol'tar], [liber'tar]
amnestie (de)	amnistia (f)	[emni'ʃtie]

politie (de)	polícia (f)	[pu'lisie]
politieagent (de)	polícia (m)	[pu'lisie]
politiebureau (het)	esquadra (f) de polícia	[əʃku'adre də pu'lisie]
knuppel (de)	cassetete (m)	[kase'tete]
megafoon (de)	megafone (m)	[mɛge'fɔne]

patrouilleerwagen (de)	carro (m) de patrulha	['kaʀu də pe'truʎe]
sirene (de)	sirene (f)	[si'rɛne]
de sirene aansteken	ligar a sirene	[li'gar e si'rɛne]
geloei (het) van de sirene	toque (m) da sirene	['tɔke də si'rɛne]

plaats delict (de)	cena (f) do crime	['sene du 'krime]
getuige (de)	testemunha (f)	[teʃte'muɲe]
vrijheid (de)	liberdade (f)	[liber'dade]
handlanger (de)	cúmplice (m)	['kũplise]
ontvluchten (ww)	escapar (vi)	[əʃke'par]
spoor (het)	traço (m)	['trasu]

121. Politie. Wet. Deel 2

opsporing (de)	procura (f)	[prɔ'kure]
opsporen (ww)	procurar (vt)	[prɔku'rar]
verdenking (de)	suspeita (f)	[su'ʃpejte]
verdacht (bn)	suspeito	[su'ʃpejtu]
aanhouden (stoppen)	parar (vt)	[pe'rar]
tegenhouden (ww)	deter (vt)	[de'ter]

strafzaak (de)	caso (m)	['kazu]
onderzoek (het)	investigação (f)	[ĩveʃtige'sãu]
detective (de)	detetive (m)	[detɛ'tive]
onderzoeksrechter (de)	investigador (m)	[ĩveʃtige'dor]
versie (de)	versão (f)	[ver'sãu]
motief (het)	motivo (m)	[mu'tivu]
verhoor (het)	interrogatório (m)	[ĩteRuge'tɔriu]
ondervragen (door de politie)	interrogar (vt)	[ĩteRu'gar]
ondervragen (omstanders ~)	questionar (vt)	[keʃtiu'nar]
controle (de)	verificação (f)	[verifike'sãu]
razzia (de)	batida (f) policial	[be'tide puli'sjal]
huiszoeking (de)	busca (f)	['buʃke]
achtervolging (de)	perseguição (f)	[persegi'sãu]
achtervolgen (ww)	perseguir (vt)	[perse'gir]
opsporen (ww)	seguir (vt)	[se'gir]
arrest (het)	prisão (f)	[pri'zãu]
arresteren (ww)	prender (vt)	[prẽ'der]
vangen, aanhouden (een dief, enz.)	pegar, capturar (vt)	[pe'gar], [kaptu'rar]
aanhouding (de)	captura (f)	[kap'ture]
document (het)	documento (m)	[duku'mẽtu]
bewijs (het)	prova (f)	['prɔve]
bewijzen (ww)	provar (vt)	[pru'var]
voetspoor (het)	pegada (f)	[pe'gade]
vingerafdrukken (mv.)	impressões (f pl) digitais	[ĩpre'soɪʃ diʒi'taɪʃ]
bewijs (het)	prova (f)	['prɔve]
alibi (het)	álibi (m)	['alibi]
onschuldig (bn)	inocente	[inu'sẽte]
onrecht (het)	injustiça (f)	[ĩʒu'ʃtise]
onrechtvaardig (bn)	injusto	[ĩ'ʒuʃtu]
crimineel (bn)	criminal	[krimi'nal]
confisqueren (in beslag nemen)	confiscar (vt)	[kõfi'ʃkar]
drug (de)	droga (f)	['drɔge]
wapen (het)	arma (f)	['arme]
ontwapenen (ww)	desarmar (vt)	[dezer'mar]
bevelen (ww)	ordenar (vt)	[ɔrde'nar]
verdwijnen (ww)	desaparecer (vi)	[dezepere'ser]
wet (de)	lei (f)	[lej]
wettelijk (bn)	legal	[le'gal]
onwettelijk (bn)	ilegal	[ile'gal]
verantwoordelijkheid (de)	responsabilidade (f)	[Reʃpõsebili'dade]
verantwoordelijk (bn)	responsável	[Reʃpõ'savɛl]

NATUUR

De Aarde. Deel 1

122. De kosmische ruimte

kosmos (de)	cosmos (m)	['kɔʒmuʃ]
kosmisch (bn)	cósmico	['kɔʒmiku]
kosmische ruimte (de)	espaço (m) cósmico	[ə'ʃpasu 'kɔʒmiku]
wereld (de)	mundo (m)	['mũdu]
heelal (het)	universo (m)	[uni'vɛrsu]
sterrenstelsel (het)	galáxia (f)	[gɐ'laksiɐ]
ster (de)	estrela (f)	[ə'ʃtrelɐ]
sterrenbeeld (het)	constelação (f)	[kõʃtɐlɐ'sãu]
planeet (de)	planeta (m)	[plɐ'netɐ]
satelliet (de)	satélite (m)	[sɐ'tɛlitɐ]
meteoriet (de)	meteorito (m)	[mɐtiu'ritu]
komeet (de)	cometa (m)	[ku'metɐ]
asteroïde (de)	asteroide (m)	[ɐʃtɐ'rɔjdɐ]
baan (de)	órbita (f)	['ɔrbitɐ]
draaien (om de zon, enz.)	girar (vi)	[ʒi'rar]
atmosfeer (de)	atmosfera (f)	[ɐtmu'ʃfɛrɐ]
Zon (de)	Sol (m)	[sɔl]
zonnestelsel (het)	Sistema (m) Solar	[si'ʃtemɐ su'lar]
zonsverduistering (de)	eclipse (m) solar	[ek'lipsɐ su'lar]
Aarde (de)	Terra (f)	['tɛʀɐ]
Maan (de)	Lua (f)	['luɐ]
Mars (de)	Marte (m)	['martɐ]
Venus (de)	Vénus (f)	['vɛnuʃ]
Jupiter (de)	Júpiter (m)	['ʒupitɛr]
Saturnus (de)	Saturno (m)	[sɐ'turnu]
Mercurius (de)	Mercúrio (m)	[mɐr'kuriu]
Uranus (de)	Urano (m)	[u'renu]
Neptunus (de)	Neptuno (m)	[nɛp'tunu]
Pluto (de)	Plutão (m)	[plu'tãu]
Melkweg (de)	Via Láctea (f)	['viɐ 'latiɐ]
Grote Beer (de)	Ursa Maior (f)	[ursɐ mɐ'jɔr]
Poolster (de)	Estrela Polar (f)	[ə'ʃtrelɐ pu'lar]
marsmannetje (het)	marciano (m)	[mɐr'sjɐnu]
buitenaards wezen (het)	extraterrestre (m)	[ɐʃtrɐtɐ'ʀɛʃtrɐ]

| bovenaards (het) | alienígena (m) | [elie'niʒene] |
| vliegende schotel (de) | disco (m) voador | ['diʃku vue'dor] |

ruimtevaartuig (het)	nave (f) espacial	['nave eʃpe'sjal]
ruimtestation (het)	estação (f) orbital	[eʃte'sãu ɔrbi'tal]
start (de)	lançamento (m)	[lãse'mẽtu]

motor (de)	motor (m)	[mu'tor]
straalpijp (de)	bocal (m)	[bu'kal]
brandstof (de)	combustível (m)	[kõbu'ʃtivɛl]

cabine (de)	cabine (f)	[ke'bine]
antenne (de)	antena (f)	[ã'tene]
patrijspoort (de)	vigia (f)	[vi'ʒie]
zonnebatterij (de)	bateria (f) solar	[bete'rie su'lar]
ruimtepak (het)	traje (m) espacial	['traʒe eʃpe'sjal]

| gewichtloosheid (de) | imponderabilidade (f) | [ĩpõderebili'dade] |
| zuurstof (de) | oxigénio (m) | [ɔksi'ʒɛniu] |

| koppeling (de) | acoplagem (f) | [eku'plaʒẽʲ] |
| koppeling maken | fazer uma acoplagem | [fe'zer 'ume eku'plaʒẽʲ] |

observatorium (het)	observatório (m)	[ɔbserve'tɔriu]
telescoop (de)	telescópio (m)	[tele'ʃkɔpiu]
waarnemen (ww)	observar (vt)	[ɔbser'var]
exploreren (ww)	explorar (vt)	[eʃplu'rar]

123. De Aarde

Aarde (de)	Terra (f)	['tɛʀe]
aardbol (de)	globo (m) terrestre	['globu te'ʀɛʃtre]
planeet (de)	planeta (m)	[ple'nete]

atmosfeer (de)	atmosfera (f)	[etmu'ʃfɛre]
aardrijkskunde (de)	geografia (f)	[ʒiugre'fie]
natuur (de)	natureza (f)	[netu'reze]

wereldbol (de)	globo (m)	['globu]
kaart (de)	mapa (m)	['mape]
atlas (de)	atlas (m)	['atleʃ]

| Europa (het) | Europa (f) | [eu'rɔpe] |
| Azië (het) | Ásia (f) | ['azie] |

| Afrika (het) | África (f) | ['afrike] |
| Australië (het) | Austrália (f) | [au'ʃtralie] |

Amerika (het)	América (f)	[e'mɛrike]
Noord-Amerika (het)	América (f) do Norte	[e'mɛrike du 'nɔrte]
Zuid-Amerika (het)	América (f) do Sul	[e'mɛrike du sul]

| Antarctica (het) | Antártida (f) | [ã'tartide] |
| Arctis (de) | Ártico (m) | ['artiku] |

124. Windrichtingen

noorden (het)	norte (m)	['nɔrtə]
naar het noorden	para norte	['pɐrɐ 'nɔrtə]
in het noorden	no norte	[nu 'nɔrtə]
noordelijk (bn)	do norte	[du 'nɔrtə]
zuiden (het)	sul (m)	[sul]
naar het zuiden	para sul	['pɐrɐ sul]
in het zuiden	no sul	[nu sul]
zuidelijk (bn)	do sul	[du sul]
westen (het)	oeste, ocidente (m)	[ɔ'ɛʃtə], [ɔsi'dẽtə]
naar het westen	para oeste	['pɐrɐ ɔ'ɛʃtə]
in het westen	no oeste	[nu ɔ'ɛʃtə]
westelijk (bn)	ocidental	[ɔsidẽ'tal]
oosten (het)	leste, oriente (m)	['lɛʃtə], [ɔ'rjẽtə]
naar het oosten	para leste	['pɐrɐ 'lɛʃtə]
in het oosten	no leste	[nu 'lɛʃtə]
oostelijk (bn)	oriental	[ɔriẽ'tal]

125. Zee. Oceaan

zee (de)	mar (m)	[mar]
oceaan (de)	oceano (m)	[ɔ'sjɐnu]
golf (baai)	golfo (m)	['golfu]
straat (de)	estreito (m)	[ɐ'ʃtrɐjtu]
grond (vaste grond)	terra (f) firme	['tɛRɐ 'firmə]
continent (het)	continente (m)	[kõti'nẽtə]
eiland (het)	ilha (f)	['iʎɐ]
schiereiland (het)	península (f)	[pə'nĩsulɐ]
archipel (de)	arquipélago (m)	[ɐrki'pɛlɐgu]
baai, bocht (de)	baía (f)	[bɐ'iɐ]
haven (de)	porto (m)	['portu]
lagune (de)	lagoa (f)	[lɐ'goɐ]
kaap (de)	cabo (m)	['kabu]
atol (de)	atol (m)	[ɐ'tɔl]
rif (het)	recife (m)	[Rɐ'sifə]
koraal (het)	coral (m)	[ku'ral]
koraalrif (het)	recife (m) de coral	[Rɐ'sifə də ku'ral]
diep (bn)	profundo	[pru'fũdu]
diepte (de)	profundidade (f)	[prufũdi'dadə]
diepzee (de)	abismo (m)	[ɐ'biʒmu]
trog (bijv. Marianentrog)	fossa (f) oceânica	['fɔsɐ ɔ'sjɐnikɐ]
stroming (de)	corrente (f)	[ku'Rẽtə]
omspoelen (ww)	banhar (vt)	[bɐ'ɲar]
oever (de)	litoral (m)	[litu'ral]

kust (de)	costa (f)	['kɔʃtɐ]
vloed (de)	maré (f) alta	[mɐ'rɛ 'altɐ]
eb (de)	refluxo (m), maré (f) baixa	[ʀə'fluksu], [mɐ'rɛ 'baɪʃɐ]
ondiepte (ondiep water)	restinga (f)	[ʀə'ʃtĩgɐ]
bodem (de)	fundo (m)	['fũdu]

golf (hoge ~)	onda (f)	['õdɐ]
golfkam (de)	crista (f) da onda	['kriʃtɐ dɐ 'õdɐ]
schuim (het)	espuma (f)	[ə'ʃpumɐ]

storm (de)	tempestade (f)	[tẽpə'ʃtadə]
orkaan (de)	furacão (m)	[furɐ'kãu]
tsunami (de)	tsunami (m)	[tsu'nɐmi]
windstilte (de)	calmaria (f)	[kalmɐ'riɐ]
kalm (bijv. ~e zee)	calmo	['kalmu]

| pool (de) | polo (m) | ['pɔlu] |
| polair (bn) | polar | [pu'lar] |

breedtegraad (de)	latitude (f)	[lɐti'tudə]
lengtegraad (de)	longitude (f)	[lõʒi'tudə]
parallel (de)	paralela (f)	[pɐrɐ'lɛlɐ]
evenaar (de)	equador (m)	[ekwɐ'dor]

hemel (de)	céu (m)	['sɛu]
horizon (de)	horizonte (m)	[ɔri'zõtə]
lucht (de)	ar (m)	[ar]

vuurtoren (de)	farol (m)	[fɐ'rɔl]
duiken (ww)	mergulhar (vi)	[mərgu'ʎar]
zinken (ov. een boot)	afundar-se (vr)	[ɐfũ'darsə]
schatten (mv.)	tesouros (m pl)	[tə'zoruʃ]

126. Namen van zeeën en oceanen

Atlantische Oceaan (de)	Oceano (m) Atlântico	[ɔ'sjɐnu ɐt'lãtiku]
Indische Oceaan (de)	Oceano (m) Índico	[ɔ'sjɐnu 'ĩdiku]
Stille Oceaan (de)	Oceano (m) Pacífico	[ɔ'sjɐnu pɐ'sifiku]
Noordelijke IJszee (de)	Oceano (m) Ártico	[ɔ'sjɐnu 'artiku]

Zwarte Zee (de)	Mar (m) Negro	[mar 'negru]
Rode Zee (de)	Mar (m) Vermelho	[mar vər'meʎu]
Gele Zee (de)	Mar (m) Amarelo	[mar ɐmɐ'rɛlu]
Witte Zee (de)	Mar (m) Branco	[mar 'brãku]

Kaspische Zee (de)	Mar (m) Cáspio	[mar 'kaʃpiu]
Dode Zee (de)	Mar (m) Morto	[mar 'mortu]
Middellandse Zee (de)	Mar (m) Mediterrâneo	[mar mɐditɐ'ʀɐniu]

| Egeïsche Zee (de) | Mar (m) Egeu | [mar e'ʒeu] |
| Adriatische Zee (de) | Mar (m) Adriático | [mar ɐd'rjatiku] |

| Arabische Zee (de) | Mar (m) Arábico | [mar ɐ'rabiku] |
| Japanse Zee (de) | Mar (m) do Japão | [mar du ʒɐ'pãu] |

Beringzee (de)	**Mar** (m) **de Bering**	[mar də bərĩg]
Zuid-Chinese Zee (de)	**Mar** (m) **da China Meridional**	[mar də 'ʃinɐ məridiu'nal]
Koraalzee (de)	**Mar** (m) **de Coral**	[mar də ku'ral]
Tasmanzee (de)	**Mar** (m) **de Tasman**	[mar də taʒmɐn]
Caribische Zee (de)	**Mar** (m) **do Caribe**	[mar du kɐ'ribə]
Barentszzee (de)	**Mar** (m) **de Barents**	[mar də berẽts]
Karische Zee (de)	**Mar** (m) **de Kara**	[mar də 'karɐ]
Noordzee (de)	**Mar** (m) **do Norte**	[mar du 'nɔrtə]
Baltische Zee (de)	**Mar** (m) **Báltico**	[mar 'baltiku]
Noorse Zee (de)	**Mar** (m) **da Noruega**	[mar də nɔru'ɛgɐ]

127. Bergen

berg (de)	**montanha** (f)	[mõ'tɐɲɐ]
bergketen (de)	**cordilheira** (f)	[kurdi'ʎɐjrɐ]
gebergte (het)	**serra** (f)	['sɛʀɐ]
bergtop (de)	**cume** (m)	['kumə]
bergpiek (de)	**pico** (m)	['piku]
voet (ov. de berg)	**sopé** (m)	[su'pɛ]
helling (de)	**declive** (m)	[dək'livə]
vulkaan (de)	**vulcão** (m)	[vu'lkãu]
actieve vulkaan (de)	**vulcão** (m) **ativo**	[vu'lkãu a'tivu]
uitgedoofde vulkaan (de)	**vulcão** (m) **extinto**	[vu'lkãu ə'ʃtĩtu]
uitbarsting (de)	**erupção** (f)	[erup'sãu]
krater (de)	**cratera** (f)	[krɐ'tɛɾɐ]
magma (het)	**magma** (m)	['magmɐ]
lava (de)	**lava** (f)	['lavɐ]
gloeiend (~e lava)	**fundido**	[fũ'didu]
kloof (canyon)	**desfiladeiro** (m)	[dəʃfilɐ'dejru]
bergkloof (de)	**garganta** (f)	[gɐr'gãtɐ]
spleet (de)	**fenda** (f)	['fẽdɐ]
afgrond (de)	**precipício** (m)	[prəsi'pisiu]
bergpas (de)	**passo, colo** (m)	['pasu], ['kɔlu]
plateau (het)	**planalto** (m)	[plɐ'naltu]
klip (de)	**falésia** (f)	[fɐ'lɛziɐ]
heuvel (de)	**colina** (f)	[ku'linɐ]
gletsjer (de)	**glaciar** (m)	[glɐ'sjaɾ]
waterval (de)	**queda** (f) **d'água**	['kɛdɐ 'daguɐ]
geiser (de)	**géiser** (m)	['ʒɛjzɛɾ]
meer (het)	**lago** (m)	['lagu]
vlakte (de)	**planície** (f)	[plɐ'nisiə]
landschap (het)	**paisagem** (f)	[paj'zaʒẽj]
echo (de)	**eco** (m)	['ɛku]

alpinist (de)	alpinista (m)	[alpi'niʃtɐ]
bergbeklimmer (de)	escalador (m)	[ɐʃkɐlɐ'dor]
trotseren (berg ~)	conquistar (vt)	[kõki'ʃtar]
beklimming (de)	subida, escalada (f)	[su'bidɐ], [ɐʃkɐ'ladɐ]

128. Bergen namen

Alpen (de)	Alpes (m pl)	['alpɐʃ]
Mont Blanc (de)	monte Branco (m)	['mõtɐ 'brãku]
Pyreneeën (de)	Pirineus (m pl)	[piri'neuʃ]

Karpaten (de)	Cárpatos (m pl)	['karpɐtuʃ]
Oeralgebergte (het)	montes (m pl) Urais	['mõtɐʃ u'raɪʃ]
Kaukasus (de)	Cáucaso (m)	['kaukɐzu]
Elbroes (de)	Elbrus (m)	[el'bruʃ]

Altaj (de)	Altai (m)	[el'taj]
Tiensjan (de)	Tian Shan (m)	[tiɐn ʃen]
Pamir (de)	Pamir (m)	[pɐ'mir]
Himalaya (de)	Himalaias (m pl)	[imɐ'lajɐʃ]
Everest (de)	monte (m) Everest	['mõtɐ evɐ'reʃt]

| Andes (de) | Cordilheira (f) dos Andes | [kurdi'ʎɐjɾɐ duʃ 'ãdɐʃ] |
| Kilimanjaro (de) | Kilimanjaro (m) | [kilimã'ʒaru] |

129. Rivieren

rivier (de)	rio (m)	['ʀiu]
bron (~ van een rivier)	fonte, nascente (f)	['fõtɐ], [nɐ'ʃsẽtɐ]
riverbedding (de)	leito (m) do rio	['lɐjtu du 'ʀiu]
riverbekken (het)	bacia (f)	[bɐ'siɐ]
uitmonden in ...	desaguar no ...	[dɐzagu'ar nu]

| zijrivier (de) | afluente (m) | [ɐflu'ẽtɐ] |
| oever (de) | margem (f) | ['marʒẽ'] |

stroming (de)	corrente (f)	[ku'ʀẽtɐ]
stroomafwaarts (bw)	rio abaixo	['ʀiu ɐ'baɪʃu]
stroomopwaarts (bw)	rio acima	['ʀiu ɐ'simɐ]

overstroming (de)	inundação (f)	[inũdɐ'sãu]
overstroming (de)	cheia (f)	['ʃejɐ]
buiten zijn oevers treden	transbordar (vi)	[trãʒbur'dar]
overstromen (ww)	inundar (vt)	[inũ'dar]

| zandbank (de) | banco (m) de areia | ['bãku dɐ ɐ'rɐjɐ] |
| stroomversnelling (de) | rápidos (m pl) | ['ʀapiduʃ] |

dam (de)	barragem (f)	[bɐ'ʀaʒẽ']
kanaal (het)	canal (m)	[kɐ'nal]
spaarbekken (het)	reservatório (m) de água	[ʀɐzɐrvɐ'tɔriu dɐ 'aguɐ]
sluis (de)	eclusa (f)	[ɐ'kluzɐ]

waterlichaam (het)	corpo (m) de água	['korpu də 'aguɐ]
moeras (het)	pântano (m)	['pãtɐnu]
broek (het)	tremedal (m)	[trəmə'dal]
draaikolk (de)	remoinho (m)	[ʀəmu'iɲu]
stroom (de)	arroio, regato (m)	[ɐ'ʀoju], [ʀə'gatu]
drink- (abn)	potável	[pu'tavɛl]
zoet (~ water)	doce	['dosə]
ijs (het)	gelo (m)	['ʒelu]
bevriezen (rivier, enz.)	congelar-se (vr)	[kõʒə'larsə]

130. Namen van rivieren

Seine (de)	rio Sena (m)	['ʀiu 'senɐ]
Loire (de)	rio Loire (m)	['ʀiu lu'ar]
Theems (de)	rio Tamisa (m)	['ʀiu tɐ'mizɐ]
Rijn (de)	rio Reno (m)	['ʀiu 'ʀenu]
Donau (de)	rio Danúbio (m)	['ʀiu dɐ'nubiu]
Wolga (de)	rio Volga (m)	['ʀiu 'vɔlgɐ]
Don (de)	rio Don (m)	['ʀiu dɔn]
Lena (de)	rio Lena (m)	['ʀiu 'lenɐ]
Gele Rivier (de)	rio Amarelo (m)	['ʀiu ɐmɐ'ʀɛlu]
Blauwe Rivier (de)	rio Yangtzé (m)	['ʀiu iã'gtzɛ]
Mekong (de)	rio Mekong (m)	['ʀiu mi'kõg]
Ganges (de)	rio Ganges (m)	['ʀiu 'gãʒəʃ]
Nijl (de)	rio Nilo (m)	['ʀiu 'nilu]
Kongo (de)	rio Congo (m)	['ʀlu 'kõgu]
Okavango (de)	rio Cubango (m)	['ʀiu ku'bãgu]
Zambezi (de)	rio Zambeze (m)	['ʀiu zã'bɛzə]
Limpopo (de)	rio Limpopo (m)	['ʀiu li'popu]
Mississippi (de)	rio Mississípi (m)	['ʀiu misi'sipi]

131. Bos

bos (het)	floresta (f), bosque (m)	[flu'ʀɛʃtɐ], ['bɔʃkə]
bos- (abn)	florestal	[flurə'ʃtal]
oerwoud (dicht bos)	mata (f) cerrada	['matɐ sə'ʀadɐ]
bosje (klein bos)	arvoredo (m)	[ɐrvu'redu]
open plek (de)	clareira (f)	[klɐ'ʀejrɐ]
struikgewas (het)	matagal (m)	[mɐtɐ'gal]
struiken (mv.)	mato (m)	['matu]
paadje (het)	vereda (f)	[və'redɐ]
ravijn (het)	ravina (f)	[ʀɐ'vinɐ]
boom (de)	árvore (f)	['arvurə]

| blad (het) | folha (f) | ['foʎɐ] |
| gebladerte (het) | folhagem (f) | [fu'ʎaʒẽⁱ] |

vallende bladeren (mv.)	queda (f) das folhas	['kɛdɐ deʃ 'foʎeʃ]
vallen (ov. de bladeren)	cair (vi)	[kɐ'ir]
boomtop (de)	topo (m)	['topu]

tak (de)	ramo (m)	['ʀɐmu]
ent (de)	galho (m)	['gaʎu]
knop (de)	botão, rebento (m)	[bu'tãu], [ʀə'bẽtu]
naald (de)	agulha (f)	[ɐ'guʎɐ]
dennenappel (de)	pinha (f)	['piɲɐ]

boom holte (de)	buraco (m) de árvore	[bu'raku də 'arvurɐ]
nest (het)	ninho (m)	['niɲu]
hol (het)	toca (f)	['tɔkɐ]

stam (de)	tronco (m)	['trõku]
wortel (bijv. boom~s)	raiz (f)	[ʀɐ'iʃ]
schors (de)	casca (f) de árvore	['kaʃkɐ də 'arvurɐ]
mos (het)	musgo (m)	['muʒgu]

ontwortelen (een boom)	arrancar pela raiz	[ɐʀɐ̃'kar 'pelɐ ʀɐ'iʃ]
kappen (een boom ~)	cortar (vt)	[kur'tar]
ontbossen (ww)	desflorestar (vt)	[dəʃflurə'ʃtar]
stronk (de)	toco, cepo (m)	['tɔku], ['sepu]

kampvuur (het)	fogueira (f)	[fu'gɐjrɐ]
bosbrand (de)	incêndio (m) florestal	[ĩ'sẽdiu flurə'ʃtal]
blussen (ww)	apagar (vt)	[ɐpɐ'gar]

boswachter (de)	guarda-florestal (m)	[gu'ardɐ flurə'ʃtal]
bescherming (de)	proteção (f)	[prutɛ'sãu]
beschermen (bijv. de natuur ~)	proteger (vt)	[prutə'ʒer]
stroper (de)	caçador (m) furtivo	[kɐsɐ'dor fur'tivu]
val (de)	armadilha (f)	[ɐrmɐ'diʎɐ]

| plukken (vruchten, enz.) | colher (vt) | [ku'ʎɛr] |
| verdwalen (de weg kwijt zijn) | perder-se (vr) | [pər'dersə] |

132. Natuurlijke hulpbronnen

natuurlijke rijkdommen (mv.)	recursos (m pl) naturais	[ʀə'kursuʃ nɐtu'raiʃ]
delfstoffen (mv.)	minerais (m pl)	[minə'raiʃ]
lagen (mv.)	depósitos (m pl)	[də'pozituʃ]
veld (bijv. olie~)	jazida (f)	[ʒɐ'zidɐ]

winnen (uit erts ~)	extrair (vt)	[əʃtrɐ'ir]
winning (de)	extração (f)	[əʃtra'sãu]
erts (het)	minério (m)	[mi'nɛriu]
mijn (bijv. kolenmijn)	mina (f)	['minɐ]
mijnschacht (de)	poço (m) de mina	['posu də 'minɐ]
mijnwerker (de)	mineiro (m)	[mi'nɐjru]

128

gas (het)	**gás** (m)	[gaʃ]
gasleiding (de)	**gasoduto** (m)	[gazɔ'dutu]
olie (aardolie)	**petróleo** (m)	[pə'trɔliu]
olieleiding (de)	**oleoduto** (m)	[ɔliu'dutu]
oliebron (de)	**poço** (m) **de petróleo**	['posu də pə'trɔliu]
boortoren (de)	**torre** (f) **petrolífera**	['toʀə pətru'lifəʀə]
tanker (de)	**petroleiro** (m)	[pətru'lɐjʀu]
zand (het)	**areia** (f)	[ɐ'ʀɐjɐ]
kalksteen (de)	**calcário** (m)	[kal'kaʀiu]
grind (het)	**cascalho** (m)	[kɐ'ʃkaʎu]
veen (het)	**turfa** (f)	['turfɐ]
klei (de)	**argila** (f)	[ɐr'ʒilɐ]
steenkool (de)	**carvão** (m)	[kɐr'vãu]
ijzer (het)	**ferro** (m)	['fɛʀu]
goud (het)	**ouro** (m)	['oru]
zilver (het)	**prata** (f)	['pratɐ]
nikkel (het)	**níquel** (m)	['nikɛl]
koper (het)	**cobre** (m)	['kɔbrə]
zink (het)	**zinco** (m)	['zĩku]
mangaan (het)	**manganês** (m)	[mãgɐ'neʃ]
kwik (het)	**mercúrio** (m)	[mər'kuriu]
lood (het)	**chumbo** (m)	['ʃũbu]
mineraal (het)	**mineral** (m)	[minə'ral]
kristal (het)	**cristal** (m)	[kri'ʃtal]
marmer (het)	**mármore** (m)	['marmurə]
uraan (het)	**urânio** (m)	[u'ʀɐniu]

129

De Aarde. Deel 2

133. Weer

weer (het)	tempo (m)	['tẽpu]
weersvoorspelling (de)	previsão (f) do tempo	[prəvi'zãu du 'tẽpu]
temperatuur (de)	temperatura (f)	[tẽpərɐ'turɐ]
thermometer (de)	termómetro (m)	[tər'mɔmətru]
barometer (de)	barómetro (m)	[bɐ'rɔmətru]
vochtig (bn)	húmido	['umidu]
vochtigheid (de)	humidade (f)	[umi'dadə]
hitte (de)	calor (m)	[kɐ'lor]
heet (bn)	cálido	['kalidu]
het is heet	está muito calor	[ə'ʃta 'mũjtu kɐ'lor]
het is warm	está calor	[ə'ʃta kɐ'lor]
warm (bn)	quente	['kẽtə]
het is koud	está frio	[ə'ʃta 'friu]
koud (bn)	frio	['friu]
zon (de)	sol (m)	[sɔl]
schijnen (de zon)	brilhar (vi)	[bri'ʎar]
zonnig (~e dag)	de sol, ensolarado	[də sɔl], [ẽsulɐ'radu]
opgaan (ov. de zon)	nascer (vi)	[nɐ'ʃser]
ondergaan (ww)	pôr-se (vr)	['porsə]
wolk (de)	nuvem (f)	['nuvẽj]
bewolkt (bn)	nublado	[nu'bladu]
regenwolk (de)	nuvem (f) preta	['nuvẽj 'pretə]
somber (bn)	escuro, cinzento	[ə'ʃkuru], [sĩ'zẽtu]
regen (de)	chuva (f)	['ʃuvɐ]
het regent	está a chover	[ə'ʃta ɐ ʃu'ver]
regenachtig (bn)	chuvoso	[ʃu'vozu]
motregenen (ww)	chuviscar (vi)	[ʃuvi'ʃkar]
plensbui (de)	chuva (f) torrencial	['ʃuvɐ tuRẽ'sjal]
stortbui (de)	chuvada (f)	[ʃu'vadɐ]
hard (bn)	forte	['fɔrtə]
plas (de)	poça (f)	['pɔsɐ]
nat worden (ww)	molhar-se (vr)	[mu'ʎarsə]
mist (de)	nevoeiro (m)	[nəvu'ejru]
mistig (bn)	de nevoeiro	[də nəvu'ejru]
sneeuw (de)	neve (f)	['nɛvə]
het sneeuwt	está a nevar	[ə'ʃta ɐ nɛ'var]

134. Zwaar weer. Natuurrampen

noodweer (storm)	trovoada (f)	[truvu'adɐ]
bliksem (de)	relâmpago (m)	[Rə'lãpɐgu]
flitsen (ww)	relampejar (vi)	[Rɐlãpɐ'ʒaɾ]
donder (de)	trovão (m)	[tru'vãu]
donderen (ww)	trovejar (vi)	[truvɐ'ʒaɾ]
het dondert	está a trovejar	[ə'ʃta ɐ truvɐ'ʒaɾ]
hagel (de)	granizo (m)	[gɾɐ'nizu]
het hagelt	está a cair granizo	[ə'ʃta ɐ kɐ'iɾ gɾɐ'nizu]
overstromen (ww)	inundar (vt)	[inũ'daɾ]
overstroming (de)	inundação (f)	[inũdɐ'sãu]
aardbeving (de)	terremoto (m)	[tɐʀɐ'mɔtu]
aardschok (de)	abalo, tremor (m)	[ɐ'balu], [tɾɐ'moɾ]
epicentrum (het)	epicentro (m)	[epi'sẽtru]
uitbarsting (de)	erupção (f)	[erup'sãu]
lava (de)	lava (f)	['lavɐ]
wervelwind (de)	turbilhão (m)	[turbi'ʎãu]
windhoos (de)	tornado (m)	[tur'nadu]
tyfoon (de)	tufão (m)	[tu'fãu]
orkaan (de)	furacão (m)	[furɐ'kãu]
storm (de)	tempestade (f)	[tẽpɐ'ʃtadɐ]
tsunami (de)	tsunami (m)	[tsu'nɐmi]
cycloon (de)	ciclone (m)	[sik'lɔnə]
onweer (het)	mau tempo (m)	[ˈmau 'tɐ̃pu]
brand (de)	incêndio (m)	[ĩ'sẽdiu]
ramp (de)	catástrofe (f)	[kɐ'taʃtrufə]
meteoriet (de)	meteorito (m)	[mɐtiu'ritu]
lawine (de)	avalanche (f)	[ɐvɐ'lãʃə]
sneeuwverschuiving (de)	deslizamento (m) de neve	[dəʒlize'mẽtu də 'nɛvə]
sneeuwjacht (de)	nevasca (f)	[nə'vaʃkɐ]
sneeuwstorm (de)	tempestade (f) de neve	[tẽpɐ'ʃtadɐ də 'nɛvə]

Fauna

135. Zoogdieren. Roofdieren

roofdier (het)	predador (m)	[prəde'dor]
tijger (de)	tigre (m)	['tigrə]
leeuw (de)	leão (m)	['ljãu]
wolf (de)	lobo (m)	['lobu]
vos (de)	raposa (f)	[ʀe'pozə]
jaguar (de)	jaguar (m)	[ʒegu'ar]
luipaard (de)	leopardo (m)	[liu'pardu]
jachtluipaard (de)	chita (f)	['ʃitə]
panter (de)	pantera (f)	[pã'terə]
poema (de)	puma (m)	['pumə]
sneeuwluipaard (de)	leopardo-das-neves (m)	[liu'pardu deʒ 'nɛvəʃ]
lynx (de)	lince (m)	['ĩsə]
coyote (de)	coiote (m)	[ko'jɔtə]
jakhals (de)	chacal (m)	[ʃe'kal]
hyena (de)	hiena (f)	['jenə]

136. Wilde dieren

dier (het)	animal (m)	[eni'mal]
beest (het)	besta (f)	['beʃtə]
eekhoorn (de)	esquilo (m)	[ə'ʃkilu]
egel (de)	ouriço (m)	[o'risu]
haas (de)	lebre (f)	['lɛbrə]
konijn (het)	coelho (m)	[ku'eʎu]
das (de)	texugo (m)	[tɛ'ksugu]
wasbeer (de)	guaxinim (m)	[guaksi'nĩ]
hamster (de)	hamster (m)	['emstər]
marmot (de)	marmota (f)	[mer'mɔtə]
mol (de)	toupeira (f)	[to'pejrə]
muis (de)	rato (m)	['ʀatu]
rat (de)	ratazana (f)	[ʀete'zenə]
vleermuis (de)	morcego (m)	[mur'segu]
hermelijn (de)	arminho (m)	[er'miɲu]
sabeldier (het)	zibelina (f)	[zibə'linə]
marter (de)	marta (f)	['martə]
wezel (de)	doninha (f)	[du'niɲə]
nerts (de)	vison (m)	[vi'zõ]

bever (de)	castor (m)	[kɐ'ʃtor]
otter (de)	lontra (f)	['lõtrɐ]

paard (het)	cavalo (m)	[kɐ'valu]
eland (de)	alce (m)	['alsə]
hert (het)	veado (m)	['vjadu]
kameel (de)	camelo (m)	[kɐ'melu]

bizon (de)	bisão (m)	[bi'zãu]
wisent (de)	auroque (m)	[au'rɔkə]
buffel (de)	búfalo (m)	['bufɐlu]

zebra (de)	zebra (f)	['zɛbrɐ]
antilope (de)	antílope (m)	[ã'tilupə]
ree (de)	corça (f)	['kɔrsɐ]
damhert (het)	gamo (m)	['gɐmu]
gems (de)	camurça (f)	[kɐ'mursɐ]
everzwijn (het)	javali (m)	[ʒɐvɐ'li]

walvis (de)	baleia (f)	[bɐ'lɐjɐ]
rob (de)	foca (f)	['fɔkɐ]
walrus (de)	morsa (f)	['mɔrsɐ]
zeebeer (de)	urso-marinho (m)	['ursu mɐ'riɲu]
dolfijn (de)	golfinho (m)	[gol'fiɲu]

beer (de)	urso (m)	['ursu]
ijsbeer (de)	urso (m) branco	['ursu 'brãku]
panda (de)	panda (m)	['pãdɐ]

aap (de)	macaco (m)	[mɐ'kaku]
chimpansee (de)	chimpanzé (m)	[ʃĩpã'zɛ]
orang-oetan (de)	orangotango (m)	[orãgu'tãgu]
gorilla (de)	gorila (m)	[gu'rilɐ]
makaak (de)	macaco (m)	[mɐ'kaku]
gibbon (de)	gibão (m)	[ʒi'bãu]

olifant (de)	elefante (m)	[elɐ'fãtə]
neushoorn (de)	rinoceronte (m)	[ʀinosɐ'rõtə]
giraffe (de)	girafa (f)	[ʒi'rafɐ]
nijlpaard (het)	hipopótamo (m)	[ipɔ'pɔtemu]

kangoeroe (de)	canguru (m)	[kãgu'ru]
koala (de)	coala (m)	[ku'alɐ]

mangoest (de)	mangusto (m)	[mã'guʃtu]
chinchilla (de)	chinchila (m)	[ʃĩ'ʃilɐ]
stinkdier (het)	doninha-fedorenta (f)	[du'niɲɐ fɐdu'rẽtɐ]
stekelvarken (het)	porco-espinho (m)	['pɔrku ɐ'ʃpiɲu]

137. Huisdieren

poes (de)	gata (f)	['gatɐ]
kater (de)	gato (m) macho	['gatu 'maʃu]
hond (de)	cão (m)	['kãu]

paard (het)	cavalo (m)	[kɐ'valu]
hengst (de)	garanhão (m)	[gɐrɐ'ɲãu]
merrie (de)	égua (f)	['ɛguɐ]

koe (de)	vaca (f)	['vakɐ]
bul, stier (de)	touro (m)	['toru]
os (de)	boi (m)	[boj]

schaap (het)	ovelha (f)	[ɔ'vɐʎɐ]
ram (de)	carneiro (m)	[kɐr'nejru]
geit (de)	cabra (f)	['kabrɐ]
bok (de)	bode (m)	['bɔdɐ]

| ezel (de) | burro (m) | ['buʀu] |
| muilezel (de) | mula (f) | ['mulɐ] |

varken (het)	porco (m)	['porku]
biggetje (het)	leitão (m)	[lɐj'tãu]
konijn (het)	coelho (m)	[ku'ɐʎu]

| kip (de) | galinha (f) | [gɐ'liɲɐ] |
| haan (de) | galo (m) | ['galu] |

eend (de)	pata (f)	['patɐ]
woerd (de)	pato (m)	['patu]
gans (de)	ganso (m)	['gãsu]

| kalkoen haan (de) | peru (m) | [pɐ'ru] |
| kalkoen (de) | perua (f) | [pɐ'ruɐ] |

huisdieren (mv.)	animais (m pl) domésticos	[ɐni'majʃ du'mɛʃtikuʃ]
tam (bijv. hamster)	domesticado	[dumɐʃti'kadu]
temmen (tam maken)	domesticar (vt)	[dumɐʃti'kar]
fokken (bijv. paarden ~)	criar (vt)	[kri'ar]

boerderij (de)	quinta (f)	['kĩtɐ]
gevogelte (het)	aves (f pl) domésticas	['avɐʃ du'mɛʃtikɐʃ]
rundvee (het)	gado (m)	['gadu]
kudde (de)	rebanho (m), manada (f)	[ʀɐ'bɐɲu], [mɐ'nadɐ]

paardenstal (de)	estábulo (m)	[ɐ'ʃtabulu]
zwijnenstal (de)	pocilga (f)	[pu'silgɐ]
koeienstal (de)	estábulo (m)	[ɐ'ʃtabulu]
konijnenhok (het)	coelheira (f)	[kuɛ'ʎejrɐ]
kippenhok (het)	galinheiro (m)	[gɐli'ɲejru]

138. Vogels

vogel (de)	pássaro (m), ave (f)	['pasɐru], ['avɐ]
duif (de)	pombo (m)	['põbu]
mus (de)	pardal (m)	[pɐr'dal]
koolmees (de)	chapim-real (m)	[ʃɐ'pĩ ʀi'al]
ekster (de)	pega-rabuda (f)	['pɛgɐ ʀa'budɐ]
raaf (de)	corvo (m)	['korvu]

kraai (de)	gralha (f) cinzenta	['graʎɐ sĩ'zẽtɐ]
kauw (de)	gralha-de-nuca-cinzenta (f)	['graʎɐ dǝ 'nukɐ sĩ'zẽtɐ]
roek (de)	gralha-calva (f)	['graʎɐ 'kalvɐ]

eend (de)	pato (m)	['patu]
gans (de)	ganso (m)	['gãsu]
fazant (de)	faisão (m)	[faj'zãu]

arend (de)	águia (f)	['agiɐ]
havik (de)	açor (m)	[ɐ'sor]
valk (de)	falcão (m)	[fa'lkãu]
gier (de)	abutre (m)	[ɐ'butrǝ]
condor (de)	condor (m)	[kõ'dor]

zwaan (de)	cisne (m)	['siʒnǝ]
kraanvogel (de)	grou (m)	[gro]
ooievaar (de)	cegonha (f)	[sǝ'goɲɐ]

papegaai (de)	papagaio (m)	[pɐpɐ'gaju]
kolibrie (de)	beija-flor (m)	['bejʒɐ 'flor]
pauw (de)	pavão (m)	[pɐ'vãu]

struisvogel (de)	avestruz (m)	[ɐvɐ'ʃtruʃ]
reiger (de)	garça (f)	['garsɐ]
flamingo (de)	flamingo (m)	[flɐ'mĩgu]
pelikaan (de)	pelicano (m)	[pɐli'kɐnu]

| nachtegaal (de) | rouxinol (m) | [Roʃi'nɔl] |
| zwaluw (de) | andorinha (f) | [ãdu'riɲɐ] |

lijster (de)	tordo-zornal (m)	['tɔrdu zur'nal]
zanglijster (de)	tordo-músico (m)	['tɔrdu 'muziku]
merel (de)	melro-preto (m)	['mɛlRu 'pretu]

gierzwaluw (de)	andorinhão (m)	[ãduri'ɲãu]
leeuwerik (de)	cotovia (f)	[kutu'viɐ]
kwartel (de)	codorna (f)	[kɔ'dɔrnɐ]

specht (de)	pica-pau (m)	['pikɐ 'pau]
koekoek (de)	cuco (m)	['kuku]
uil (de)	coruja (f)	[ku'ruʒɐ]
oehoe (de)	corujão, bufo (m)	[kɔru'ʒãu], ['bufu]
auerhoen (het)	tetraz-grande (m)	[tɛ'traʒ 'grãdǝ]
korhoen (het)	tetraz-lira (m)	[tɛ'traʒ 'lirɐ]
patrijs (de)	perdiz-cinzenta (f)	[pɐrdiʃ sĩ'zẽtɐ]

spreeuw (de)	estorninho (m)	[ǝʃtur'niɲu]
kanarie (de)	canário (m)	[kɐ'nariu]
hazelhoen (het)	galinha-do-mato (f)	[gɐ'liɲɐ du 'matu]

| vink (de) | tentilhão (m) | [tẽti'ʎãu] |
| goudvink (de) | dom-fafe (m) | [dõ'fafǝ] |

meeuw (de)	gaivota (f)	[gaj'vɔtɐ]
albatros (de)	albatroz (m)	[albɐ'trɔʃ]
pinguïn (de)	pinguim (m)	[pĩgu'ĩ]

135

139. Vis. Zeedieren

brasem (de)	brema (f)	['breme]
karper (de)	carpa (f)	['karpe]
baars (de)	perca (f)	['pɛrke]
meerval (de)	siluro (m)	[si'luru]
snoek (de)	lúcio (m)	['lusiu]
zalm (de)	salmão (m)	[sal'mãu]
steur (de)	esturjão (m)	[eʃtur'ʒãu]
haring (de)	arenque (m)	[e'rẽke]
atlantische zalm (de)	salmão (m)	[sal'mãu]
makreel (de)	cavala, sarda (f)	[ke'vale], ['sarde]
platvis (de)	solha (f)	['soʎe]
snoekbaars (de)	lúcio perca (m)	['lusiu 'perka]
kabeljauw (de)	bacalhau (m)	[beke'ʎau]
tonijn (de)	atum (m)	[e'tũ]
forel (de)	truta (f)	['trute]
paling (de)	enguia (f)	[ẽ'gie]
sidderrog (de)	raia elétrica (f)	['Raje e'lɛtrike]
murene (de)	moreia (f)	[mu'reje]
piranha (de)	piranha (f)	[pi'reɲe]
haai (de)	tubarão (m)	[tube'rãu]
dolfijn (de)	golfinho (m)	[gol'fiɲu]
walvis (de)	baleia (f)	[be'leje]
krab (de)	caranguejo (m)	[kerã'geʒu]
kwal (de)	medusa, alforreca (f)	[me'duze], [alfu'Reke]
octopus (de)	polvo (m)	['polvu]
zeester (de)	estrela-do-mar (f)	[e'ʃtrele du 'mar]
zee-egel (de)	ouriço-do-mar (m)	[o'risu du 'mar]
zeepaardje (het)	cavalo-marinho (m)	[ke'valu me'riɲu]
oester (de)	ostra (f)	['ɔʃtre]
garnaal (de)	camarão (m)	[keme'rãu]
kreeft (de)	lavagante (m)	[leve'gãte]
langoest (de)	lagosta (f)	[le'goʃte]

140. Amfibieën. Reptielen

slang (de)	serpente, cobra (f)	[ser'pẽte], ['kɔbre]
giftig (slang)	venenoso	[vene'nozu]
adder (de)	víbora (f)	['vibure]
cobra (de)	cobra-capelo, naja (f)	[kɔbreke'pɛlu], ['naʒe]
python (de)	pitão (m)	[pi'tãu]
boa (de)	jiboia (f)	[ʒi'boje]
ringslang (de)	cobra-de-água (f)	[kɔbrede'ague]

ratelslang (de)	cascavel (f)	[keʃkeˈvɛl]
anaconda (de)	anaconda (f)	[eneˈkõde]
hagedis (de)	lagarto (m)	[leˈgartu]
leguaan (de)	iguana (f)	[iguˈene]
varaan (de)	varano (m)	[veˈrenu]
salamander (de)	salamandra (f)	[seleˈmãdre]
kameleon (de)	camaleão (m)	[kemeˈljãu]
schorpioen (de)	escorpião (m)	[eʃkurˈpjãu]
schildpad (de)	tartaruga (f)	[terteˈruge]
kikker (de)	rã (f)	[ʀã]
pad (de)	sapo (m)	[ˈsapu]
krokodil (de)	crocodilo (m)	[krukuˈdilu]

141. Insecten

insect (het)	inseto (m)	[ĩˈsɛtu]
vlinder (de)	borboleta (f)	[burbuˈlete]
mier (de)	formiga (f)	[furˈmige]
vlieg (de)	mosca (f)	[ˈmoʃke]
mug (de)	mosquito (m)	[muˈʃkitu]
kever (de)	escaravelho (m)	[eʃkereˈvɛʎu]
wesp (de)	vespa (f)	[ˈvɛʃpe]
bij (de)	abelha (f)	[eˈbeʎe]
hommel (de)	mamangava (f)	[memãˈgave]
horzel (de)	moscardo (m)	[muˈʃkardu]
spin (de)	aranha (f)	[eˈreɲe]
spinnenweb (het)	teia (f) de aranha	[ˈteje de eˈreɲe]
libel (de)	libélula (f)	[liˈbɛlule]
sprinkhaan (de)	gafanhoto-do-campo (m)	[gefeˈɲotu du ˈkãpu]
nachtvlinder (de)	traça (f)	[ˈtrase]
kakkerlak (de)	barata (f)	[beˈrate]
teek (de)	carraça (f)	[keˈʀase]
vlo (de)	pulga (f)	[ˈpulge]
kriebelmug (de)	borrachudo (m)	[buʀeˈʃudu]
treksprinkhaan (de)	gafanhoto (m)	[gefeˈɲotu]
slak (de)	caracol (m)	[kereˈkɔl]
krekel (de)	grilo (m)	[ˈgrilu]
glimworm (de)	pirilampo (m)	[piriˈlãpu]
lieveheersbeestje (het)	joaninha (f)	[ʒueˈniɲe]
meikever (de)	besouro (m)	[beˈzoru]
bloedzuiger (de)	sanguessuga (f)	[sãgeˈsuge]
rups (de)	lagarta (f)	[leˈgarte]
aardworm (de)	minhoca (f)	[miˈɲɔke]
larve (de)	larva (f)	[ˈlarve]

Flora

142. Bomen

boom (de)	árvore (f)	['arvurə]
loof- (abn)	decídua	[də'siduə]
dennen- (abn)	conífera	[ku'nifərə]
groenblijvend (bn)	perene	[pə'rɛnə]
appelboom (de)	macieira (f)	[mɐ'sjejrɐ]
perenboom (de)	pereira (f)	[pə'rejrɐ]
zoete kers (de)	cerejeira (f)	[sərə'ʒejrɐ]
zure kers (de)	ginjeira (f)	[ʒiˈʒejrɐ]
pruimelaar (de)	ameixeira (f)	[ɐmɐj'ʃejrɐ]
berk (de)	bétula (f)	['bɛtulɐ]
eik (de)	carvalho (m)	[kɐr'vaʎu]
linde (de)	tília (f)	['tiliɐ]
esp (de)	choupo-tremedor (m)	['ʃopu trəmə'dor]
esdoorn (de)	bordo (m)	['bordu]
spar (de)	espruce (m)	[ə'ʃprusə]
den (de)	pinheiro (m)	[pi'ɲejru]
lariks (de)	alerce, lariço (m)	[ɐ'lɛrsə], [lɐ'risu]
zilverspar (de)	abeto (m)	[ɐ'bɛtu]
ceder (de)	cedro (m)	['sɛdru]
populier (de)	choupo, álamo (m)	['ʃopu], ['alɐmu]
lijsterbes (de)	tramazeira (f)	[trɐmɐ'zejrɐ]
wilg (de)	salgueiro (m)	[sa'lgejru]
els (de)	amieiro (m)	[ɐ'mjejru]
beuk (de)	faia (f)	['fajɐ]
iep (de)	ulmeiro (m)	[ul'mejru]
es (de)	freixo (m)	['frejʃu]
kastanje (de)	castanheiro (m)	[kɐʃtɐ'ɲejru]
magnolia (de)	magnólia (f)	[mɐ'gnɔliɐ]
palm (de)	palmeira (f)	[pal'mejrɐ]
cipres (de)	cipreste (m)	[sip'rɛʃtə]
mangrove (de)	mangue (m)	['mãgə]
baobab (apenbroodboom)	embondeiro, baobá (m)	[ẽbõ'dejru], [bau'ba]
eucalyptus (de)	eucalipto (m)	[euke'liptu]
mammoetboom (de)	sequoia (f)	[sə'kwɔjɐ]

143. Heesters

struik (de)	arbusto (m)	[ɐr'buʃtu]
heester (de)	arbusto (m), moita (f)	[ɐr'buʃtu], ['mojtɐ]

wijnstok (de)	videira (f)	[vi'dɐjrɐ]
wijngaard (de)	vinhedo (m)	[vi'ɲedu]
frambozenstruik (de)	framboeseira (f)	[frãbue'zejrɐ]
zwarte bes (de)	groselheira-preta (f)	[gruzəʎejrɐ 'pretɐ]
rode bessenstruik (de)	groselheira-vermelha (f)	[gruzɐ'ʎɐjrɐ vɐr'mɐʎɐ]
kruisbessenstruik (de)	groselheira (f) espinhosa	[gruzɐ'ʎɐjrɐ əʃpi'ɲɔzɐ]
acacia (de)	acácia (f)	[ɐ'kasiɐ]
zuurbes (de)	bérberis (f)	['bɛrbəriʃ]
jasmijn (de)	jasmim (m)	[ʒɐʒ'mĩ]
jeneverbes (de)	junípero (m)	[ʒu'nipɐru]
rozenstruik (de)	roseira (f)	[ʀu'zejrɐ]
hondsroos (de)	roseira (f) brava	[ʀu'zejrɐ 'bravɐ]

144. Vruchten. Bessen

vrucht (de)	fruta (f)	['frutɐ]
vruchten (mv.)	frutas (f pl)	['frutɐʃ]
appel (de)	maçã (f)	[mɐ'sã]
peer (de)	pera (f)	['perɐ]
pruim (de)	ameixa (f)	[ɐ'mejʃɐ]
aardbei (de)	morango (m)	[mu'rãgu]
zure kers (de)	ginja (f)	['ʒĩʒɐ]
zoete kers (de)	cereja (f)	[sə'reʒɐ]
druif (de)	uva (f)	['uvɐ]
framboos (de)	framboesa (f)	[frãbu'ezɐ]
zwarte bes (de)	groselha (f) preta	[gru'zɐʎɐ 'pretɐ]
rode bes (de)	groselha (f) vermelha	[gru'zɐʎɐ vɐr'mɐʎɐ]
kruisbes (de)	groselha (f) espinhosa	[gru'zɐʎɐ əʃpi'ɲɔzɐ]
veenbes (de)	oxicoco (m)	[ɔksi'koku]
sinaasappel (de)	laranja (f)	[lɐ'rãʒɐ]
mandarijn (de)	tangerina (f)	[tãʒə'rinɐ]
ananas (de)	ananás (m)	[ɐnɐ'naʃ]
banaan (de)	banana (f)	[bɐ'nɐnɐ]
dadel (de)	tâmara (f)	['tɐmɐrɐ]
citroen (de)	limão (m)	[li'mãu]
abrikoos (de)	damasco (m)	[dɐ'maʃku]
perzik (de)	pêssego (m)	['pesəgu]
kiwi (de)	kiwi (m)	[ki'vi]
grapefruit (de)	toranja (f)	[tu'rãʒɐ]
bes (de)	baga (f)	['bagɐ]
bessen (mv.)	bagas (f pl)	['bagɐʃ]
vossenbes (de)	arando (m) vermelho	[ɐ'rãdu vɐr'mɐʎu]
bosaardbei (de)	morango-silvestre (m)	[mu'rãgu sil'vɛʃtrɐ]
blauwe bosbes (de)	mirtilo (m)	[mir'tilu]

139

145. Bloemen. Planten

bloem (de)	flor (f)	[flor]
boeket (het)	ramo (m) de flores	['ʀɐmu də 'floɾɐʃ]
roos (de)	rosa (f)	['ʀɔzɐ]
tulp (de)	tulipa (f)	[tu'lipɐ]
anjer (de)	cravo (m)	['kravu]
gladiool (de)	gladíolo (m)	[glɐ'diulu]
korenbloem (de)	centáurea (f)	[sẽ'tauɾiɐ]
klokje (het)	campânula (f)	[kã'pɐnulɐ]
paardenbloem (de)	dente-de-leão (m)	['dẽtɐ də li'ãu]
kamille (de)	camomila (f)	[kamu'milɐ]
aloë (de)	aloé (m)	[ɐlu'ɛ]
cactus (de)	cato (m)	['katu]
ficus (de)	fícus (m)	['fikuʃ]
lelie (de)	lírio (m)	['liriu]
geranium (de)	gerânio (m)	[ʒɐ'ʀɐniu]
hyacint (de)	jacinto (m)	[ʒɐ'sĩtu]
mimosa (de)	mimosa (f)	[mi'mɔzɐ]
narcis (de)	narciso (m)	[nar'sizu]
Oost-Indische kers (de)	capuchinha (f)	[kɐpu'ʃiɲɐ]
orchidee (de)	orquídea (f)	[ɔr'kidiɐ]
pioenroos (de)	peónia (f)	[pi'oniɐ]
viooltje (het)	violeta (f)	[viu'letɐ]
driekleurig viooltje (het)	amor-perfeito (m)	[ɐ'mor pɐr'fɐjtu]
vergeet-mij-nietje (het)	não-me-esqueças (m)	['nãu mɐ ɐ'ʃkesɐʃ]
madeliefje (het)	margarida (f)	[mɐrgɐ'ridɐ]
papaver (de)	papoula (f)	[pɐ'polɐ]
hennep (de)	cânhamo (m)	['kɐɲɐmu]
munt (de)	hortelã (f)	[ɔrtɐ'lã]
lelietje-van-dalen (het)	lírio-do-vale (m)	['liriu du 'valɐ]
sneeuwklokje (het)	campânula-branca (f)	[kãpɐnulɐ 'brãkɐ]
brandnetel (de)	urtiga (f)	[ur'tigɐ]
veldzuring (de)	azeda (f)	[ɐ'zedɐ]
waterlelie (de)	nenúfar (m)	[nɐ'nufar]
varen (de)	feto (m), samambaia (f)	['fɛtu], [sɐmã'bajɐ]
korstmos (het)	líquen (m)	['likɛn]
oranjerie (de)	estufa (f)	[ɐ'ʃtufɐ]
gazon (het)	relvado (m)	[ʀɛ'lvadu]
bloemperk (het)	canteiro (m) de flores	[kã'tɐjru də 'floɾɐʃ]
plant (de)	planta (f)	['plãtɐ]
gras (het)	erva (f)	['ɛrvɐ]
grasspriet (de)	folha (f) de erva	['foʎɐ də 'ɛrvɐ]

blad (het)	folha (f)	['foʎe]
bloemblad (het)	pétala (f)	['pɛtɐle]
stengel (de)	talo (m)	['talu]
knol (de)	tubérculo (m)	[tu'bɛrkulu]

| scheut (de) | broto, rebento (m) | ['brout], [ʀe'bẽtu] |
| doorn (de) | espinho (m) | [ə'ʃpiɲu] |

bloeien (ww)	florescer (vi)	[flurə'ʃser]
verwelken (ww)	murchar (vi)	[mur'ʃar]
geur (de)	cheiro (m)	['ʃejru]
snijden (bijv. bloemen ~)	cortar (vt)	[kur'tar]
plukken (bloemen ~)	colher (vt)	[ku'ʎɛr]

146. Granen, graankorrels

graan (het)	grão (m)	['grãu]
graangewassen (mv.)	cereais (m pl)	[sə'rjaɪʃ]
aar (de)	espiga (f)	[ə'ʃpige]

tarwe (de)	trigo (m)	['trigu]
rogge (de)	centeio (m)	[sẽ'teju]
haver (de)	aveia (f)	[ɐ'veje]
gierst (de)	milho-miúdo (m)	['miʎu mi'udu]
gerst (de)	cevada (f)	[sə'vade]

maïs (de)	milho (m)	['miʎu]
rijst (de)	arroz (m)	[ɐ'ʀɔʒ]
boekweit (de)	trigo-sarraceno (m)	['trigu saʀe'senu]

erwt (de)	ervilha (f)	[er'viʎe]
nierboon (de)	feijão (m)	[fɐj'ʒãu]
soja (de)	soja (f)	['sɔʒe]
linze (de)	lentilha (f)	[lẽ'tiʎe]
bonen (mv.)	fava (f)	['fave]

LANDEN. NATIONALITEITEN

147. West-Europa

Europa (het)	**Europa** (f)	[eu'rɔpe]
Europese Unie (de)	**União** (f) **Europeia**	[u'njãu euru'peje]
Oostenrijk (het)	**Áustria** (f)	['auʃtrie]
Groot-Brittannië (het)	**Grã-Bretanha** (f)	[grãbre'teɲe]
Engeland (het)	**Inglaterra** (f)	[ĩgle'tɛʀe]
België (het)	**Bélgica** (f)	['bɛƷike]
Duitsland (het)	**Alemanha** (f)	[ele'meɲe]
Nederland (het)	**Países** (m pl) **Baixos**	[pe'izeʃ 'baiʃuʃ]
Holland (het)	**Holanda** (f)	[ɔ'lãde]
Griekenland (het)	**Grécia** (f)	['grɛsie]
Denemarken (het)	**Dinamarca** (f)	[dine'marke]
Ierland (het)	**Irlanda** (f)	[ir'lãde]
IJsland (het)	**Islândia** (f)	[i'ʒlãdie]
Spanje (het)	**Espanha** (f)	[e'ʃpaɲe]
Italië (het)	**Itália** (f)	[i'talie]
Cyprus (het)	**Chipre** (m)	['ʃipre]
Malta (het)	**Malta** (f)	['malte]
Noorwegen (het)	**Noruega** (f)	[nɔru'ɛge]
Portugal (het)	**Portugal** (m)	[purtu'gal]
Finland (het)	**Finlândia** (f)	[fĩ'lãdie]
Frankrijk (het)	**França** (f)	['frãse]
Zweden (het)	**Suécia** (f)	[su'ɛsie]
Zwitserland (het)	**Suíça** (f)	[su'ise]
Schotland (het)	**Escócia** (f)	[e'ʃkɔsie]
Vaticaanstad (de)	**Vaticano** (m)	[veti'kenu]
Liechtenstein (het)	**Liechtenstein** (m)	[liʃtẽ'ʃtajn]
Luxemburg (het)	**Luxemburgo** (m)	[luʃẽ'burgu]
Monaco (het)	**Mónaco** (m)	['mɔneku]

148. Centraal- en Oost-Europa

Albanië (het)	**Albânia** (f)	[al'benie]
Bulgarije (het)	**Bulgária** (f)	[bul'garie]
Hongarije (het)	**Hungria** (f)	[ũ'grie]
Letland (het)	**Letónia** (f)	[le'tonie]
Litouwen (het)	**Lituânia** (f)	[litu'enie]
Polen (het)	**Polónia** (f)	[pu'lɔnie]

Roemenië (het)	Roménia (f)	[ʀu'mɛniɐ]
Servië (het)	Sérvia (f)	['sɛrviɐ]
Slowakije (het)	Eslováquia (f)	[əʒlɔ'vakiɐ]

Kroatië (het)	Croácia (f)	[kru'asiɐ]
Tsjechië (het)	República (f) Checa	[ʀɛ'publikɐ 'ʃɛkɐ]
Estland (het)	Estónia (f)	[ə'ʃtɔniɐ]

Bosnië en Herzegovina (het)	Bósnia e Herzegovina (f)	['bɔʒniɐ i ɛrzəgɔ'vinɐ]
Macedonië (het)	Macedónia (f)	[mɐsə'dɔniɐ]
Slovenië (het)	Eslovénia (f)	[əʒlɔ'vɛniɐ]
Montenegro (het)	Montenegro (m)	[mõtə'negru]

149. Voormalige USSR landen

| Azerbeidzjan (het) | Azerbaijão (m) | [ɐzərbaj'ʒãu] |
| Armenië (het) | Arménia (f) | [ɐr'mɛniɐ] |

Wit-Rusland (het)	Bielorrússia (f)	[biɛlɔ'ʀusiɐ]
Georgië (het)	Geórgia (f)	[ʒj'ɔrʒiɐ]
Kazakstan (het)	Cazaquistão (m)	[kɐzɐki'ʃtãu]
Kirgizië (het)	Quirguistão (m)	[kirgis'tãu]
Moldavië (het)	Moldávia (f)	[mol'daviɐ]

| Rusland (het) | Rússia (f) | ['ʀusiɐ] |
| Oekraïne (het) | Ucrânia (f) | [u'krɐniɐ] |

Tadzjikistan (het)	Tajiquistão (m)	[tɐʒiki'ʃtãu]
Turkmenistan (het)	Turquemenistão (m)	[turkəmɐni'ʃtãu]
Oezbekistan (hot)	Uzbequistão (f)	[uʒbɐki'ʃtãu]

150. Azië

Azië (het)	Ásia (f)	['aziɐ]
Vietnam (het)	Vietname (m)	[viɛ'tnemə]
India (het)	Índia (f)	['ĩdiɐ]
Israël (het)	Israel (m)	[iʒʀɐ'ɛl]

China (het)	China (f)	['ʃinɐ]
Libanon (het)	Líbano (m)	['libɐnu]
Mongolië (het)	Mongólia (f)	[mõ'gɔliɐ]

| Maleisië (het) | Malásia (f) | [mɐ'laziɐ] |
| Pakistan (het) | Paquistão (m) | [pɐki'ʃtãu] |

Saoedi-Arabië (het)	Arábia (f) Saudita	[ɐ'rabiɐ sau'ditɐ]
Thailand (het)	Tailândia (f)	[taj'lãdiɐ]
Taiwan (het)	Taiwan (m)	[taj'wɐn]
Turkije (het)	Turquia (f)	[tur'kiɐ]
Japan (het)	Japão (m)	[ʒɐ'pãu]
Afghanistan (het)	Afeganistão (m)	[ɐfəgɐni'ʃtãu]
Bangladesh (het)	Bangladesh (m)	[bãglɐ'dɛʃ]

| Indonesië (het) | Indonésia (f) | [īdɔ'nɛziɐ] |
| Jordanië (het) | Jordânia (f) | [ʒur'dɐniɐ] |

Irak (het)	Iraque (m)	[i'rakɐ]
Iran (het)	Irão (m)	[i'rãu]
Cambodja (het)	Camboja (f)	[kã'bɔdʒɐ]
Koeweit (het)	Kuwait (m)	[ku'wejt]

Laos (het)	Laos (m)	[lɐuʃ]
Myanmar (het)	Myanmar (m), Birmânia (f)	[miã'mar], [bir'mɐniɐ]
Nepal (het)	Nepal (m)	[nɐ'pal]
Verenigde Arabische Emiraten	Emirados (m pl) Árabes Unidos	[emi'raduʃ 'arɐbɐʃ u'niduʃ]

| Syrië (het) | Síria (f) | ['siriɐ] |
| Palestijnse autonomie (de) | Palestina (f) | [pɐlɐ'ʃtinɐ] |

| Zuid-Korea (het) | Coreia (f) do Sul | [ku'rɐjɐ du sul] |
| Noord-Korea (het) | Coreia (f) do Norte | [ku'rɐjɐ du 'nɔrtɐ] |

151. Noord-Amerika

Verenigde Staten van Amerika	Estados Unidos da América (m pl)	[ɐ'ʃtaduʃ u'niduʃ dɐ ɐ'mɛrikɐ]
Canada (het)	Canadá (m)	[kɐnɐ'da]
Mexico (het)	México (m)	['mɛʃiku]

152. Midden- en Zuid-Amerika

Argentinië (het)	Argentina (f)	[ɐrʒẽ'tinɐ]
Brazilië (het)	Brasil (m)	[brɐ'zil]
Colombia (het)	Colômbia (f)	[ku'lõbiɐ]

| Cuba (het) | Cuba (f) | ['kubɐ] |
| Chili (het) | Chile (m) | ['ʃilɐ] |

| Bolivia (het) | Bolívia (f) | [bu'liviɐ] |
| Venezuela (het) | Venezuela (f) | [vɐnɐzu'ɛlɐ] |

| Paraguay (het) | Paraguai (m) | [pɐrɐgu'aj] |
| Peru (het) | Peru (m) | [pɐ'ru] |

Suriname (het)	Suriname (m)	[suri'nɐmɐ]
Uruguay (het)	Uruguai (m)	[uru'gwaj]
Ecuador (het)	Equador (m)	[ekwɐ'dor]

| Bahama's (mv.) | Bahamas, Baamas (f pl) | [ba'ɐmɐʃ] |
| Haïti (het) | Haiti (m) | [aj'ti] |

Dominicaanse Republiek (de)	República (f) Dominicana	[ʀɛ'publikɐ dumini'kɐnɐ]
Panama (het)	Panamá (m)	[pɐnɐ'ma]
Jamaica (het)	Jamaica (f)	[ʒɐ'majkɐ]

153. Afrika

Egypte (het)	Egito (m)	[e'ʒitu]
Marokko (het)	Marrocos	[me'ʀɔkuʃ]
Tunesië (het)	Tunísia (f)	[tu'niziɐ]
Ghana (het)	Gana (f)	['genɐ]
Zanzibar (het)	Zanzibar (m)	[zãzi'bar]
Kenia (het)	Quénia (f)	['kɛniɐ]
Libië (het)	Líbia (f)	['libiɐ]
Madagaskar (het)	Madagáscar (m)	[medɐ'gaʃkar]
Namibië (het)	Namíbia (f)	[nɐ'mibiɐ]
Senegal (het)	Senegal (m)	[sɐnɐ'gal]
Tanzania (het)	Tanzânia (f)	[tã'zeniɐ]
Zuid-Afrika (het)	África (f) do Sul	['afrikɐ du sul]

154. Australië. Oceanië

Australië (het)	Austrália (f)	[au'ʃtraliɐ]
Nieuw-Zeeland (het)	Nova Zelândia (f)	['nɔvɐ zɐ'lãdiɐ]
Tasmanië (het)	Tasmânia (f)	[tɐ'ʒmeniɐ]
Frans-Polynesië	Polinésia (f) Francesa	[puli'nɛziɐ frã'sezɐ]

155. Steden

Amsterdam	Amesterdão	[emɐʃtɛr'dãu]
Ankara	Ancara	[ã'karɐ]
Athene	Atenas	[e'tenɐʃ]
Bagdad	Bagdade	[beg'dadɐ]
Bangkok	Banguecoque	[bãgɐ'kɔkɐ]
Barcelona	Barcelona	[bɐrsɐ'lonɐ]
Beiroet	Beirute	[bɐj'rutɐ]
Berlijn	Berlim	[bɐr'lĩ]
Boedapest	Budapeste	[budɐ'pɛʃtɐ]
Boekarest	Bucareste	[bukɐ'rɛʃtɐ]
Bombay, Mumbai	Bombaim	[bõbɐ'ĩ]
Bonn	Bona	['bonɐ]
Bordeaux	Bordéus	[bur'dɛuʃ]
Bratislava	Bratislava	[brati'ʒlavɐ]
Brussel	Bruxelas	[bru'ʃɛlɐʃ]
Caïro	Cairo	['kajru]
Calcutta	Calcutá	[kalku'ta]
Chicago	Chicago	[ʃi'kagu]
Dar Es Salaam	Dar es Salaam	[dar ɐʃ sɐ'laãm]
Delhi	Deli	['dɛli]
Den Haag	Haia	['ajɐ]

Dubai	Dubai	[du'baj]
Dublin	Dublin, Dublim	[du'blin], [du'blī]
Düsseldorf	Düsseldorf	[dusɛldɔrf]
Florence	Florença	[flo'rẽsɐ]

Frankfort	Frankfurt	['fräkfurt]
Genève	Genebra	[ʒǝ'nɛbrɐ]
Hamburg	Hamburgo	[ã'burgu]
Hanoi	Hanói	[ɐ'nɔj]
Havana	Havana	[ɐ'vɐnɐ]

Helsinki	Helsínquia	[ɛ'lsīkiɐ]
Hiroshima	Hiroshima	[irɔ'ʃimɐ]
Hongkong	Hong Kong	[oŋ'koŋ]
Istanbul	Istambul	[iʃtä'bul]
Jeruzalem	Jerusalém	[ʒɐruza'lẽ']
Kiev	Kiev	[ki'ɛv]

Kopenhagen	Copenhaga	[kɔpǝ'ɲagɐ]
Kuala Lumpur	Kuala Lumpur	[ku'alɐ lũ'pur]
Lissabon	Lisboa	[li'ʒboɐ]
Londen	Londres	['lõdrǝʃ]
Los Angeles	Los Angeles	[luʃ 'äʒelǝʃ]

Lyon	Lyon	[li'ɔn]
Madrid	Madrid	[mɐ'drid]
Marseille	Marselha	[mɐr'sɐʎɐ]
Mexico-Stad	Cidade do México	[si'dadǝ du 'mɛʃiku]
Miami	Miami	[mɐ'jami]

Montreal	Montreal	[mõtri'al]
Moskou	Moscovo	[mu'ʃkovu]
München	Munique	[munikǝ]
Nairobi	Nairóbi	[naj'rɔbi]
Napels	Nápoles	['napulǝʃ]

New York	Nova York	['nɔvɐ 'jɔrk]
Nice	Nice	['nisǝ]
Oslo	Oslo	['ɔʒlou]
Ottawa	Ottawa	[ɔ'tauɐ]
Parijs	Paris	[pɐ'riʃ]

Peking	Pequim	[pǝ'kī]
Praag	Praga	['pragɐ]
Rio de Janeiro	Rio de Janeiro	['ʀiu dǝ ʒɐ'nejru]
Rome	Roma	['ʀomɐ]
Seoel	Seul	[sɛ'ul]
Singapore	Singapura	[sīgɐ'purɐ]

Sint-Petersburg	São Petersburgo	['sãu pɐtɛr'ʒburgu]
Sjanghai	Xangai	[ʃä'gaj]
Stockholm	Estocolmo	[ǝʃtu'kolmu]
Sydney	Sydney	['sidnǝj]
Taipei	Taipé	[taj'pɛ]
Tokio	Tóquio	['tɔkiu]
Toronto	Toronto	[tu'rõtu]

Venetië	**Veneza**	[vəˈnezɐ]
Warschau	**Varsóvia**	[verˈsɔviɐ]
Washington	**Washington**	[ˈweʃĩgton]
Wenen	**Viena**	[ˈvjenɐ]

www.ingramcontent.com/pod-product-compliance
Lightning Source LLC
Chambersburg PA
CBHW070553050426
42450CB00011B/2844